청개구리의 눈물

FROG'S TEARS

and other stories

**READINGS IN
KOREAN
CULTURE SERIES**

By Hye-Sook Wang

CHENG & TSUI COMPANY

Boston

16 15 14 13 12 11 10 09 08   1 2 3 4 5 6 7 8 9 10

Published by
Cheng & Tsui Company, Inc.
25 West Street
Boston, MA 02111-1213 USA
Fax (617) 426-3669
www.cheng-tsui.com

"Bringing Asia to the World"™

Cover design by Gia Giasullo, Studio eg
Interior design by Maxine Ressler
Illustrations by Hailey Kim and Victoria Adhikari

ISBN 978-0-88727-631-6

Library of Congress Cataloging-in-Publication Data

Wang, Hye-Sook.
  Frog's tears and other stories = Ch'onggaeguri ui nunmul / by Hye-Sook Wang.
    p. cm. -- (Readings in Korean culture series)
  Includes bibliographical references.
  ISBN 978-0-88727-631-6 (pbk.)
  1. Korean language--Textbooks for foreign speakers--English. 2. Korean language--Readers. 3. Tales--Korea. I. Title. II. Title: Ch'onggaeguri ui nunmul. III. Series.

  PL913.W34 2009
  495.7'86421--dc22

                                        2008062316

Contents

Preface

WHAT ARE THE GOALS OF THIS BOOK?

This book is written to help students learn the Korean language well. It should also help them learn about Korean narrative traditions, cultural values, and other Korean culture-specific conventions while they enjoy reading the stories. To put it simply, learners will improve their linguistic proficiency as well as their cultural understanding, whether they are learning Korean as a foreign language or a heritage language. Although the number of Korean language textbooks has been steadily on the rise in recent years, the field is still very much in need of fun and effective supplementary materials, especially for students at lower levels of language proficiency. I hope that this book will provide both teachers and learners with more resources for learning Korean language and culture effectively.

WHO CAN USE THIS BOOK?

This book was written for advanced beginners (especially heritage learners from a Korean background) and intermediate learners, in high school and college. Due to the wide range of proficiency in schools and among individual learners, the level designation is arbitrary rather than definite. Teachers should use their judgment regarding the right level for their own students and their own curriculum. The stories have been simplified and rewritten to help learners understand them more easily, and are organized by level of difficulty. In order to provide additional support for learners with a limited Korean language background, the exercises are focused primarily on new vocabulary and expressions. The book can be used most productively as a companion to a traditional textbook, although it can also be used as a main text if the teacher supplements it with additional grammar exercises.

WHY A BOOK OF FOLK TALES?

Why use folk tales for Korean language learning? Folk tales are a part of literary heritage that everyone in a particular culture knows well and refers to frequently in daily speech and writing. In fact, knowledge of such literature is crucial for language learners to gain true cultural literacy and linguistic proficiency. Especially in light of the fact that the crucial role of culture has recently gained much-deserved recognition in language education, it is imperative for foreign language learners to become familiar with the literary culture of the target language.

Folk tales have traditionally been written to teach children important moral lessons. Perhaps due to this function, they are typically short, simple, and have a broad appeal across generations. Folk tales also feature a number of colorful stock characters, legendary figures, and thematic motifs within a repertoire of familiar plot structures. These elements help to make them ideal reading material for beginning to intermediate-level language learners.

There are numerous reasons why folk tales can be extremely rich resources in the language classroom. Folk tales a) are entertaining and stimulate learners' interests, b) encourage the reader's imagination (through character identification and interpretation of the narrative and illustrations), c) represent cultural traditions, d) reflect the customs, worldviews, and value system of the given society, and e) repeat key vocabulary and structures in a way that is ideal for language learning.

Studying stories can also reinforce cognitive strategies such as comparing, predicting, and problem-solving. In addition, students can develop and apply important language-learning strategies such as guessing the meaning of new words, training memory, self-testing, and so on. Many teachers, researchers, and foreign language learners have attested to the effectiveness of stories in the language classroom, and my own experience teaching Korean language and culture has convinced me that folk tales are great resources for both language and culture teaching.

Despite the countless merits of story-based learning and the great need for supplementary readers designed for Korean language education, I found that there was a serious lack of storybooks designed specifically for learners of Korean. I wrote *Frog's Tears* to fill the need for a book of stories with added exercises, activities, and pedagogical support, which are essential components in the learning process for students in the beginning stages of studying Korean.

HOW WERE THE STORIES SELECTED?

Since just thirteen tales had to be selected out of the hundreds of folk tales available in Korean, the selection process involved many difficult decisions. The following criteria served as my guide. First, I considered the stories' familiarity to Korean people and importance in contemporary Korean culture. The story should be one that every Korean would know. For example, the story of "Faithful Woman Chun-Hyang" is an extremely popular classic tale among Koreans of all ages. It has inspired numerous dramas and movies, the most recent being Im Kown-Taek's highly acclaimed *Chun-Hyang Don* in 2000. While "Faithful Woman Chun-Hyang," "Filial Daughter Sim-Cheong," and "The Story of Heung-Bu and Nol-Bu" could be considered more serious classic literature in comparison to the fables "Green Frog's Tears" or "The Hare and the Tortoise," I have included them in the book not only because they are "must-know" stories for any Korean, but also because they convey important customs and values of Korean society.

Second, I took into account the moral lessons conveyed in each story. For example, "Filial Daughter Sim-Cheong" teaches readers the importance of filial piety in Korean society, which is one of the most important Confucian virtues. In fact, all of the thirteen stories selected for the book illustrate different virtues such as modesty, brotherhood, chastity, wisdom, prudence, loyalty, obedience, diligence, patience, forgiveness, and so on.

Third, I considered the degree to which each story incorporates informative cultural elements and characteristics, since cultural understanding is such a crucial part of language learning. For example, in "The Scholar who Touched the Farmer," readers will learn about what a scholar's life was like in pre-modern Korea, what was expected of him by society, and how he lived up to such expectations. Similarly, in "Faithful Woman Chun-Hyang," readers can learn about the strict social stratification of traditional Korean society, reflected in the forbidden love between a man and a woman from two very different social classes.

Fourth, I took into account the quality of the literary text itself and its potential for producing rich discussion. Readers of folk tales should not only learn values deemed important by Koreans, cultural aspects of Korean folklore, and narrative conventions of Korean folk tales, but they should also learn what makes a good literary work. For example, "The Woodcutter and the Fairy" is cited frequently by scholars as one of the best examples of good narrative literature in Korean. Learners can discuss what constitutes quality literature, and why, after reading the story.

The stories included in this book are simplified versions of the original stories. They have been modified to fit the linguistic proficiency of beginning to intermediate-level learners, in terms of both sentence structures and vocabulary, while preserving the main plot of the story. Specific details of the stories differ to a varying degree depending on the origins and the sources of the stories.

WHAT DOES EACH UNIT CONTAIN?

Each unit consists of ten sections: Unit Focus, Warm-up, Main Story, Words and Expressions, Comprehension, Exercises, Questions for Discussion and Composition, Activities and Tasks, Learning about Culture, and English Translation of the Main Story.

The **Unit Focus** introduces core grammar, core vocabulary, and expressions that appear in that specific unit, so that learners can not only focus their attention on the main tools they will need to read the story, but also predict what the story is about.

The **Warm-Up** section asks general questions about the topic to prepare learners for reading the main story, such as what one could expect from the story based on the title and what the relationship between the main characters might be in the story.

The **Main Story** section introduces the story itself.

The **Words and Expressions** section includes new words and phrases from that particular unit, with English definitions.

The **Comprehension** section asks short-answer questions about the main story, as a way of checking learners' basic understanding.

The **Exercises** section includes various vocabulary exercises (finding the right word for the picture, filling in the blanks with appropriate words/expressions, finding synonyms and antonyms, choosing unrelated words, finding right definitions, matching expressions and corresponding meanings, finding and correcting misspelled words, etc.) in order to reinforce the material introduced in the unit.

The **Discussion and Composition** section includes expanded, open-ended questions related to the story.

The **Activities and Tasks** section provides learners with the opportunity to engage in more focused creative activities, such as learning a song, playing a game, or rewriting the story from a modern perspective. Additional self-directed tasks such as doing research on a particular aspect of the story are also suggested. This section can be completed in English, to focus more on the content and cultural learning than language learning per se.

The **Learning about Culture** section provides, in English, useful background information on various aspects of Korean culture that have specific relevance to that particular unit. Such information will be especially useful for understanding specific aspects of the traditional culture and lifestyles of old Korea. Also included at the end of this section are **Related Proverbs** that are relevant to the unit, either through the lessons or the cultural aspects of the story.

An **English Translation** of the main story is provided at the end of each unit. Since students are still learning basic grammar and vocabulary, they can use this section to check their understanding of the story's content.

The book also includes two **Review Units** that can be used for periodic review and reinforcement.

HOW CAN STUDENTS USE THIS BOOK?

The stories in the book do not follow any particular order in terms of content. However, they are arranged progressively by level of difficulty. Once students have read and understood the stories and practiced new vocabulary and expressions, they can do a variety of activities regardless of the specific content of the story. The Activities and Tasks section of each unit provides suggestions for different types of activities, some of which focus more on reading (for example, reading the story out loud or in silence for meaning), some more on writing (for example, writing a free-response essay), and others more on listening (for example, listening to the teacher reading the story out loud). Two or more skills can be nicely integrated as well through one activity (for example, retelling the story in a modern version both orally and in writing). Some of these activities should be done in Korean to improve the learners' linguistic proficiency, but teachers should consider allowing English when discussing more difficult cultural issues, so that learners can gain content knowledge without being hindered by their limited language proficiency.

As mentioned above, the book includes thirteen stories and two review units. This means that one unit can be covered per week at most schools on a semester schedule. However, it is ultimately each teacher's decision to make as to how many units are covered and in what order, based on the needs of each class and curriculum.

An answer key for the exercises is available online at **http://my. cheng-tsui.com**.

SUGGESTIONS FOR ADDITIONAL PROJECTS

At the end of the semester or throughout the year, students can do a number of enrichment projects in English. For example, they could perform an in-depth analysis of one chosen story, write an essay discussing the characteristics of Korean folk tales based on the stories in the book, or make a presentation on the values and virtues of the Korean people and society as represented in the stories. They could write a creative sequel to one of the stories in the book (in Korean or English) reflecting the traditional Korean themes and values they have learned about, or categorize the stories in the book based on theme, characters, narrative structure, and ending.

These are only a few suggestions. Teachers' individual strengths of imagination and creativity will enrich their classroom instruction. Even though the learners who will be using this book have not yet reached the advanced stage of Korean language learning, and will be reading simple stories, they are nonetheless active learners with high intelligence and intellectual curiosity. Therefore, much can be gained by assigning various activities and tasks beyond simple understanding of the stories, especially in relation to Korean culture. Teachers and students should keep in mind that while language learning is a primary goal of the course, cultural understanding is an equally important goal to achieve. Learners should not be discouraged if they need to use English when they find it too challenging to express their ideas completely in Korean.

A FEW NOTES ON SOURCES AND CONVENTIONS

The information provided in the Learning about Culture sections is based on a number of resources. They include *An Encyclopedia of Korean Culture* (2004, Seoul: Hansebon), *An Illustrated Guide to Korean Culture* (2002, Seoul: Hakgojae), *Minsokmunhakiran Mueosinga* (*What is Folk Literature*, 1993, Seoul: Jipmundang), *Hankuk Seolhwaeui Yuhyeong* (*Types of Korean Folk Tales*, 1996, Seoul: Iljogak), *Yeodutti Iyagi* (*The Story of 12 Zodiac Signs*, 1996, Seoul: Jipmundang), *Hankuk Mindameui Simcheung Punseok* (*Deep Analysis of Korean Folk Tales*, 1995, Seoul: Jipmundang), Encyclopedia Britannica, Wikipedia, and *An Encyclopedia of Korean Folk Culture* on the Internet.

The romanization of Korean characters used in the English translations and Culture sections follows the national system of the Republic of Korea (2000).

ACKNOWLEDGEMENTS

I am indebted to a number of people who have helped to publish this book. I would like to thank Hailey Kim and Victoria Adhikari for helping with illustrations, and Ah-Young Song for helping with English translations. I would also like to thank the reviewers for their constructive suggestions and Robert Carrubba for copyediting the manuscript. I am very grateful to the Ivy League Consortium for Language Teaching and Learning for funding and to Merle Krueger, the executive director of the Consortium, for supporting my work. My special thanks go to the publisher, Jill Cheng of Cheng & Tsui, for her vision and passion for language teaching, and to Laurel Damashek, the editor of this book, for her patience and assistance. I am very grateful to my family, my husband, and my daughter Marisa, for putting up with me, encouraging me, and supporting me. I bow my head to my parents for their endless love and prayer for me. Lastly, I am grateful to all of my students, who are a constant source of inspiration and a motivation for hard work.

Hye-Sook Wang
Providence, RI
May 2008

청개구리의 눈물
GREEN FROG'S TEARS

1. Core Vocabulary:

청개구리 형제	green frog brothers
반대	opposite
산	mountain
바다	sea, ocean
후회하다	to regret
울다/울음 소리	to cry/crying sound

2. Grammar:

__기 때문에	because
__고 있었다	was ~ing
__기 전에	before ~ing
__(으)면	if/when
__기로 하다	decide to, set to
__기 시작하다	begin to
__(으)ㄹ 까봐	worrying if, for fear that

3. Expressions:

말을 잘 듣지 않다	to disobey (lit. to not listen to someone's words)
속(이) 상하다	to be distressed (lit. inside is rotten)
병이 들다	to fall ill, to get sick
걱정이 되다	to become worried
세상을 떠나다	to pass away (lit. to leave the world)

1. '청개구리'하면 무엇이 생각납니까? 청개구리에 대해서 여러분이 알고 있는대로 이야기해 보세요 (색깔, 모습 [크기, 등]…).

2. 왜 이야기 제목이 '청개구리의 눈물'일까요? 눈물은 언제 흘립니까?

3. 이 이야기를 들어 본 일이 있습니까? 있으면 무슨 이야기인지 기억해 보세요. 없으면 제목과 그림을 보고 한번 추측해 (guess) 보세요.

III. MAIN STORY
본문

옛날 옛날 아주 오랜 옛날 어느 마을에 청개구리 형제가 살았어요.

아버지가 일찍 돌아가셨기 때문에 엄마와 함께 살고 있었어요.

그런데, 이 청개구리 형제는 엄마 말씀을 잘 듣지 않는 나쁜 아이들이었어요.

엄마 말씀에 항상 반대로만 했어요. 엄마가 "공부해라" 하시면 나가서 놀고, "나가서 놀아라" 하시면 집에 들어와서 공부를 했어요.

이렇게 말 안 듣는 아이들때문에 속이 상한 청개구리 엄마는 그만 병이 들었어요.

병이 깊어지고 죽을 날이 가까워 오니까 엄마는 아이들이 아주 걱정이 되었어요.

그래서 죽기 전에 아이들을 침대맡에 불러놓고 이렇게 말했어요.

"애들아, 부탁이 하나 있다. 내가 죽으면 산에 묻지 말고 바다 근처에 묻어라.

내 말을 꼭 기억하고 그대로 따라야 한다."

얼마 후에 엄마는 결국 세상을 떠났어요.

엄마를 잃고 고아가 된 청개구리 형제는 너무 슬퍼서 엉엉 울었어요.

엄마가 살아 계실 때 엄마 말씀을 잘 듣지 않은 것을 후회하고 또 후회했어요.

그래서 처음으로 엄마 말씀을 따르기로 하고 청개구리 형제는 엄마를 바다 근처에 묻었어요. 그런데 엄마를 묻고 집으로 돌아오는데 갑자기 비가 내리기 시작했어요.

청개구리 형제는 이번에는 엄마 무덤이 떠내려 갈까봐 걱정이 돼서 엉엉 울었어요.

지금도 비가 오는 날에는 청개구리 울음소리를 들을 수 있답니다.

"개골 개골 개골 개골……"

IV. WORDS AND EXPRESSIONS
단어와 표현

형제	brothers, siblings
돌아가시다	to die, pass away (honorific)

말씀을 듣다	to obey (lit. to listen to an elder's words)
반대	opposite
속이 상하다	to be distressed (lit. the inside is rotten)
병이 들다/깊어지다	to fall ill, to get sick
걱정이 되다	to become worried
침대	bed
부탁	favor
근처	nearby, vicinity
묻다	to bury
기억하다	to remember
결국	finally, at last
세상을 떠나다	to pass away (lit. to leave the world)
고아	orphan
후회하다	to regret
무덤	tomb
떠내려가다	to drift away
울음 소리	crying sound

V. COMPREHENSION
내용이해 확인

---

1. 청개구리 형제는 누구와 같이 살고 있었어요?

2. 청개구리 형제는 어떤 아이들이었어요?

3. 청개구리 형제가 엄마 말씀을 듣지 않는 걸 어떻게 알 수 있어요?

4. 엄마는 왜 병이 들었어요?

5. 엄마는 죽기 전에 청개구리 형제에게 무슨 부탁을 했어요?

6. 엄마는 왜 자기를 바다 근처에 묻으라고 했어요?

7. 엄마가 돌아가신 후 청개구리 형제는 무엇을 후회했어요?

8. 청개구리 형제는 엄마를 어디에 묻었어요? 왜요?

9. 엄마를 묻은 날 무슨 일이 있었어요?

10. 지금 청개구리 형제는 무엇을 걱정하고 있어요?

VI. EXERCISES
연습

---

1. 밑줄 친 말과 뜻이 가장 비슷한 말을 고르세요.
   Choose the closest words in meaning to the underlined words.

....

1) 이 청개구리 형제는 <u>엄마 말씀을 잘 듣지 않는</u> 나쁜 아이들이었어요.

 ㄱ. 엄마한테   ㄴ. 엄마한테
   순종하지 않는   순종하는
 ㄷ. 버릇이 없는   ㄹ. 놀기만 하는

2) 말 안 듣는 아이들때문에 속이 상한 청개구리 엄마는 병이 들었어요.

   ㄱ. 피곤해진   ㄴ. 짜증이 난

   ㄷ. 화가 난   ㄹ. 안타깝고 걱정이 된

3) 엄마는 죽기 전에 아이들을 침대맡에 불러 놓고 말했어요.

   ㄱ. 조용히   ㄴ. 가까이

   ㄷ. 잠깐   ㄹ. 이불 속으로

4) "내가 죽으면 산에 묻지 말고 바다 근처에 묻어라" 하고 엄마는 말했어요.

   ㄱ. 주위에   ㄴ. 멀리

   ㄷ. 앞에   ㄹ. 가운데에

5) 얼마 후에 엄마는 세상을 떠났어요.

   ㄱ. 여행을 갔어요   ㄴ. 돌아가셨어요

   ㄷ. 아이들을 그리워   ㄹ. 집을 나갔어요
       했어요

2. 보기에서 적당한 단어를 골라 빈 칸을 채우세요. 한 단어를 한 번만 쓸 수 있어요.

Fill in the blanks with the appropriate word from the examples.
Each word should be used only once.

<보기: 갑자기 일찍 항상 처음으로 결국>

1) 청개구리 형제는 아버지가 _____ 돌아가셨기 때문에 엄마와 함께 살고 있었어요.

2) 이 청개구리 형제는 엄마 말씀에 _____ 반대로만 했어요.

3) 병이 깊어진 엄마는 얼마 후에 _____ 세상을 떠났어요.

4) _____ 엄마 말씀을 따르기로 하고 청개구리 형제는 엄마를 바다 근처에 묻었어요.

5) 엄마를 묻고 집으로 돌아오는데 _____ 비가 내리기 시작했어요.

3. 설명을 읽고 맞는 단어를 본문에서 찾아 쓰세요.
Write the word from the main text that has the following definition.

1. 부모님이 없는 사람: _____

2. 죽은 사람을 묻어 놓는 곳: _____

3. 잘못했다고, 그렇게 안 했으면 좋았다고 생각하는 것: _____

4. 서양사람들이 잠을 자는 곳: _____

5. 다른 사람에게 무엇을 해 달라고 하는 것: _____ _____

4. 관계있는 것끼리 연결하여 문장을 만드세요.

Connect the related words and make sentences.

1) 세상을   가다

2) 떠내려   되다

3) 병이   떠나다

4) 걱정이   들다

_____

_____

_____

_____

5. 나머지 셋과 가장 관계가 먼 것을 하나 고르세요.

Choose the word that is least related to the other three.

1) ㄱ. 세상을 떠나다   ㄴ. 돌아가시다
     ㄷ. 죽다   ㄹ. 묻다

2) ㄱ. 병이 들다   ㄴ. 아프다
     ㄷ. 피곤하다   ㄹ. 편찮다

3) ㄱ. 선생   ㄴ. 형제
     ㄷ. 부모   ㄹ. 자식

6. 아래 단어의 반대말을 본문에서 찾아 쓰세요.

Write the antonyms of the following words from the main text.

....

1. 태어나다: _____

2. 늦게: _____

3. 얻다: _____

4. 잊어버리다: _____

5. 기쁘다: _____

6. 웃음: _____

7. 맞춤법이 틀린 글자를 찾아 밑줄을 치고 맞게 고쳐 쓰세요.

Underline the incorrect spellings and correct them.

....

1. 이러케 말 안 든는 아이들때문에 속상한 엄마는 그만 병이 드러써요.

2. 엄마를 일코 고아가 된 청개구리 형재는 노무 슬프서 엉엉 우렀서요.

3. 그래서 지금도 비가 오는 날에는 청개구리 우름 소리를 드를 수 잇담미다.

8. 질문에 대답하세요.
Answer the following questions.

1. 개구리는 보통 어디에 살아요? 바다에 살아요? 강에 살아요? 늪에 살아요?

2. 새끼 개구리를 뭐라고 불러요?

3. 여러분은 언제 제일 속상해요?

4. 지금까지 여러분이 한 일 중에서 가장 후회하는 것은 뭐예요?

9. 빈 칸을 채워서 이야기를 완성해 보세요.
Fill in the blanks and complete the story.

청개구리 형제는 _____ 을/를 안 듣고 엄마를 속상하게 했기 때문에 엄마는 _____. 엄마는 죽기 전에 형제에게 부탁했습니다.
　"내가 죽으면 _____ 에 묻지 말고 _____ 에 묻어라." 청개구리 형제는 엄마가 _____ 때 엄마 말씀에 반대로 한 것을 _____.

그래서 처음으로 엄마 말씀을 _____
하고 엄마를 _____ 에 묻었습니다. 집으로 돌아
오는데_____기 시작했습니다. 지금
청개구리 형제는 _____ 떠내려 갈까봐 걱
정이 돼서 울고 있습니다.

VII. QUESTIONS FOR DISCUSSION AND COMPOSITION
토론과 작문 질문

---

1. 여러분 나라에도 이 이야기와 비슷한 이야기가
   있습니까? 있으면 어떻게 같고 어떻게 다른지 애
   기해 보세요.

2. 이 이야기의 주제(theme)는 무엇이라고 생각합니
   까?

3. 여러분은 이 이야기를 읽고 무엇을 느꼈습니까?
   어떤 교훈(lesson)을 얻었습니까?

4. 여러분은 어렸을 때 어땠어요? 부모님 말씀을 잘
   들었어요?

5. 여러분이 하고 싶은 일을 부모님이 반대하시면
   어떻게 할 거예요?

1. 선생님과 같이 아래의 노래를 불러 보세요.

   개굴개굴 개구리 노래를 한다.
   엄마 아빠 아이들 (아들 손자 며느리) 다 모여서
   우리들은 모두 다 노래를 잘 해.
   개굴개굴 개구리 목청도 좋다.

2. 한국 개구리는 '개굴개굴'하고 웁니다.

   그런데 미국 개구리는 Ribbit Ribbit 하고 울지요?
   그럼, 한국 개와 미국개는 어떻게 다를까요?
   동물의 소리는 왜 언어마다 다를까요?
   다음의 사이트를 방문해서 각 동물의 소리를
   비교해 보세요. (http://www.georgetown.edu/cball/animals/
   animals.html)

3. 재미있는 게임을 해 볼까요? (넌센스 게임)
   * 보기와 같이 대답해 보세요.

   <보기: 영수: 이 교실이 좀 추워요.
   그럼, 쉐타를 벗으세요.>

1) 민지: 내일 발표(presentation)도 있고 시험도
   있어요.

   성준: _____.

2) 수지: 영수가 두 시간 후에 전화할 거예요.

   미나: _____.

3. 진주: 밖에 비가 많이 오고 바람도 불고 있어요.

   나영: _____.

4. 이 이야기가 여기서 끝나지 않았다면 어떻게 되었을까요?

   여러분 생각대로 계속해서 이야기를 써 보세요.

5. 청개구리 형제들에게 편지를 써 보세요. 무슨 얘기를 하고 싶어요?

6. 한국의 부모-자식관계(parent-child relationships)에 대해서 연구(research)한 후 그 결과(results)를 리포트로 써 보세요. 그리고 여러분과 여러분 부모님의 관계에 대해서 생각해 보세요. 여러분이 만약 교포라면 여러분이 생각하는 여러분 친구(미국)와 친구 부모님의 관계와 어떻게 같은지, 또는 다른지 생각해 보세요. 영어로 해도 괜찮습니다.

IX. LEARNING ABOUT CULTURE
General Characteristics of Folk Tales

As a genre of literature, folk tales have many unique characteristics, including the following. First, folk tales are narratives, orally transmitted by words, transcending time and space. Second, since the authors of folk tales are usually unknown and the stories have gone through a process of transmission by many people, folk tales are a byproduct of people and human culture. Third, they are fictitious, rather than straightforward representations of history or fact. And finally, they are a universal cultural form, as they existed before written language and every nation has its own folk tales.

Folk tales also exhibit a number of specific characteristics in their presentation. First, they have a beginning and an ending. They don't begin and end abruptly. They also typically begin with "Once upon a time..." and end with "They lived happily ever after." Second, repetition is used for things that the narrator wants to emphasize. Thus, the same characters or characters with similar characteristics appear and act repeatedly. Sometimes the same phrases are repeated. Such repetition is usually combined with conflict or confrontation. In many folk tales that teach moral lessons, good and evil are dichotomized (represented as a good person vs. bad person) and the conflict between good and evil ends with the good person's winning.

Third, the number three is important, especially in Korean folk tales. The repetition method is combined with the number three and things are repeated three times, and thereby the intensity of the events becomes stronger. Fourth, only two characters appear in a given scene. Even though more characters can appear in the same scene, they don't act at the same time. In addition, the two main characters are usually in contrast or confrontation, such as an old man vs. a young man, big vs. small, the rich vs. the poor, and so on. Fifth, the storyline or plot is simple and straightforward. No complexity is expected. Sixth, the stories have a certain formula, which makes prediction possible. Similar situations are described in almost exactly the same way and no attempts of changing the stories are made. Seventh, a certain level of consistency is ensured in story organization.

RELATED PROVERBS
관련 속담

---

(1) 버스 지나간 후 손들기

Raising hands after the bus has passed.

(2) 원님 떠난 뒤에 나팔 분다

Blowing a trumpet after the village headman left.

(3) 한 번 엎지른 물은 다시 주워담지 못한다

One can't put spilled water back.

(4) 소 잃고 외양간 고치기

Fixing a barn after losing a cow.

Message: It's too late to regret. No use crying over spilled milk.

X. ENGLISH TRANSLATION OF THE STORY

A long, long time ago, in a certain village there lived green frog brothers.

Because their father passed away early, they lived with their mother.

However, these frogs were bad children who didn't listen to their mother very well.

They always did the opposite of their mother's words. If their mother said, "Study," they went out and played; and if she said, "Go out and play," they entered home and studied.

Because of her disobedient children, the mother frog developed an illness.

As the illness became severe, and the day of her death came near, the mother frog worried very much about her children.

Therefore, before she died she called her children to her bed and said this:

"Children, I have a favor to ask. When I die, bury me not in the mountain but near the ocean. Remember my words and follow them exactly without fail."

A little while later, the mother frog eventually died.

The green frog brothers, who had lost their mother and become orphans, were so sad that they cried. They regretted the fact that they didn't listen to their mother when she lived, and they were remorseful.

Therefore, the green frogs decided to listen to their mother for the first time and buried her near the ocean. But rain began to fall when they were returning home after burying their mother. This time, they cried because the frogs worried that the mother's grave might drift away. Even now, on a rainy day, it is said that one can hear the sound of frogs crying. "Ribbit ribbit ribbit ribbit…"

토끼와 거북이 1

THE TORTOISE AND THE HARE, PART 1

1. Core Vocabulary:

토끼	hare, rabbit
거북이	tortoise, turtle
동물	animal
뻐기다	to brag
이기다/지다	to win/ to lose
시합, 경기	game, competition
달리기 경주	running race

2. Grammar:

~기 싫다	dislike to
~(으)면서	while ~ing (simultaneous action)
~아/어도 되다	it's O.K. to ~ (permission)
~자	when
~는 동안(에)	during, while
~(으)ㄹ 때	when

3. Expressions:

잘난 척(을) 하다	to brag
뻔히 알다	to know for sure
한턱 내다	to give someone a treat
귀가 솔깃해지다	to be tempted (lit. ears perked up)
식은 죽 먹기	an easy task (lit. eating cold porridge)
화가 나다	to get angry

1. 토끼는 어떤 동물인지 생각해 보세요. '토끼' 하면 뭐가 제일 먼저 생각나요?

2. 거북이는 어떤 동물인지 생각해 보세요. '거북이' 하면 뭐가 제일 먼저 생각나요?

3. 이 이야기에서 토끼와 거북이는 어떻게 그려지고 (depicted) 있을까요? 그리고 토끼와 거북이 사이에 무슨 일이 있었을까요? 추측해 보세요.

III. MAIN STORY
본문

옛날 아주 작은 산에 토끼와 거북이가 살았습니다. 토끼는 산에 사는 작은 동물들 중에서 제일 빨리 달릴 수 있어서 항상 잘난 척을 했습니다. 토끼가 너무 뻐기니까 거북이는 좀 보기가 싫었습니다. 거북이는 토끼를 놀려주고 싶어서 어느 날 토끼한테 말했습니다.

"저, 토끼님, 오늘 날씨가 참 좋지요? 우리 심심한데 달리기 시합이나 한번 하면 어떨까요? 토끼님은 굉장히 빠르시니까 물론 토끼님이 이기실 거예요."

"그럼, 당연히 내가 이기지. 이 산에서 나보다 빠른 사람은 없으니까. 그런데, 질 걸 뻔히 알면서 왜 시합을 하려고 하지?"

"아이, 심심하니까요. 우리 시합 한번 해 봐요, 네? 진 사람이 저녁을 한턱 내기로 해요. 틀림없이 토끼님이 이기실 거예요."

토끼는 귀가 솔깃해져서 말했습니다.

"그래? 그러면 오늘 저녁 걱정은 하지 않아도 되겠군, 하하하…."

토끼와 거북이는 산 밑에 있는 마을까지 달리기로 했습니다. 경기가 시작되자 토끼는 앞만 보고 빨리빨리 달렸습니다. 한참 후 궁금해진 토끼는 뒤를 돌아보았습니다. 거북이가 보이지 않았습니다. 토끼는 생각했습니다. "흥, 느림보 거북이는 아직 보이지도 않으니까 한잠 자고 가도 되겠지? 그래도 문제없이 이길 수 있을 거야."

토끼가 잠을 자는 동안에도 거북이는 조금도 쉬지 않고 열심히 열심히 달렸습니다. 그리고 자고 있는 토끼보다 먼저 마을에 도착해서 토끼를 기다렸습니다.

얼마 후 잠에서 깬 토끼는 주위를 둘러보았습니다. 여전히 거북이는 보이지 않았습니다. 토끼는 "아니, 아직도 안 왔어? 역시 거북이는 느림보군. 거북이와 경주하는 건 '식은 죽 먹기'라니까." 생각하고 마을로 내려갔습니다.

그런데 어찌 된 일입니까? 거북이가 토끼를 맞으며 인사했습니다.

"안녕 토끼님, 저는 30분 전에 벌써 도착해서 토끼님을 기다리고 있어요. 왜 이제 오세요? 무슨 급한 일이 있으셨어요? 어쨌든 토끼님이 지셨으니까 오늘 저녁은 토끼님이 사셔야 겠군요. 아이, 좋아라! 고마워요, 토끼님."

토끼는 너무 화가 났지만 약속을 했으니까 할 수 없이 거북이한테 저녁을 사 주었습니다. 그리고 다시는 시합할 때 자지 않기로 결심했습니다.

IV. WORDS AND EXPRESSIONS
단어와 표현

토끼	hare, rabbit
거북이	tortoise, turtle
동물	animal
잘난 척(을) 하다	to brag, show off
뻐기다	to brag
놀려주다	to make fun of
심심하다	to be bored
달리기 시합	running competition
당연히	naturally, of course
뻔히 알다	to know for sure
한턱 내다	to give someone a treat
틀림없이	certainly, without doubt
귀가 솔깃해지다	to be tempted (lit. ears perked up)
마을	village
경기	contest, competition
궁금해지다 (궁금하다)	to become curious
느림보	dawdler, laggard, slugger
주위	surrounding
둘러보다	to look around
역시	as expected
식은 죽 먹기	an easy task (lit. eating cold porridge)

급한 일	urgent matter
어쨌든	anyway
화가 나다	to get angry
약속	promise, appointment
결심하다	to make up one's mind

V. COMPREHENSION
내용이해 확인

---

1. 왜 토끼는 항상 잘난 척을 했습니까?

2. 거북이는 왜 토끼한테 경주를 하자고 했습니까?

3. 토끼는 누가 이길 거라고 생각했습니까?

   거북이는 누가 이길 거라고 생각했습니까?

4. 진 사람이 이긴 사람한테 무엇을 해 주기로 했습니까?

5. "귀가 솔깃해 지다"는 무슨 뜻입니까?

6. "식은 죽 먹기"는 무슨 뜻입니까?

7. 경주는 어디까지 달리는 것이었습니까?

8. 토끼는 왜 한잠 자고 가기로 했습니까?

9. 토끼가 자는 동안에 거북이는 무엇을 했습니까?

10. 잠에서 깬 토끼는 어떻게 생각했습니까?

11. 토끼가 마을에 내려갔을 때 누가 기다리고 있었습니까?

12. 누가 누구에게 저녁을 사 주었습니까?

13. 경주가 끝난 후 토끼는 어떤 결심을 했습니까?

VI. EXERCISES
연습

---

1. 밑줄 친 말과 뜻이 가장 비슷한 말을 고르세요.
Choose the closest words in meaning to the underlined words.

1) "우리 심심한데 토끼님과 제가 달리기 시합이나 한번 하면 어떨까요?"
ㄱ. 기분이 그런데   ㄴ. 할 일도 없는데
ㄷ. 궁금한데   ㄹ. 피곤한데

2) "그럼, 당연히 내가 이기지. 이 산에서 나보다 빠른 동물은 없으니까."
ㄱ. 물론   ㄴ. 생각해 보면
ㄷ. 어쩌면   ㄹ. 아마

3) 거북이는 토끼를 놀려주고 싶어서 어느 날 말했습니다.
ㄱ. 혼내주고   ㄴ. 도와주고
ㄷ. 골려주고   ㄹ. 힘들게 해 주고

4) "질 걸 뻔히 알면서 왜 시합을 하려고 하지?" 토끼가 물었습니다.
ㄱ. 그냥   ㄴ. 괜히
ㄷ. 정말   ㄹ. 너무 잘

5) 토끼는 너무 화가 났지만 약속을 했으니까
할 수 없이 거북이한테 저녁을 사 주었습니다.
ㄱ. 기쁘게   ㄴ. 불평 없이
ㄷ. 어쩔 수 없이   ㄹ. 빨리

2. 빈 칸에 가장 적당한 말을 고르세요.
Choose the most appropriate words for the blanks.

1) 토끼는 산에 사는 작은 동물들 중에서
_____ 빨리 달릴 수 있어서 항상 잘난 척을
했습니다.
ㄱ. 훨씬   ㄴ. 제일
ㄷ. 여전히   ㄹ. 역시

2) 토끼님은 굉장히 빠르시니까 _____ 토끼님
이 이기실 거예요.
ㄱ. 뻔히   ㄴ. 종종
ㄷ. 거의   ㄹ. 물론

3) 거북이는 열심히 달려서 자고 있는 토끼보다
_____ 마을에 도착해서 토끼를 기다렸습니다.
ㄱ. 먼저   ㄴ. 천천히
ㄷ. 벌써   ㄹ. 늦게

4) "아니, 아직도 안 왔어? _____ 거북이는
느림보군." 하고 토끼는 생각했습니다.
ㄱ. 아마   ㄴ. 결국
ㄷ. 지금   ㄹ. 역시

5) 한참 후 토끼는 거북이가 _____ 뒤를 돌
아보았습니다.
ㄱ. 귀여워서   ㄴ. 궁금해서
ㄷ. 느려서   ㄹ. 뻐겨서

3. **설명을 읽고 맞는 단어를 본문에서 찾아 쓰세요.**
*Write the word from the main text that has the following
definition.*
....

1) 개, 고양이, 호랑이, 토끼, 거북이, 곰 등:
_____

2) 행동이 아주 느린 사람: _____

3) 무엇을 어떻게 하기로 마음 먹는 것:
_____

4) 가까이, 근처: _____

5) 어떻게 하겠다고 정함: _____

4. **주어진 표현과 뜻이 맞는 것끼리 연결하세요.**
Connect the following expressions with the correct meanings.
....

1) 잘난 척을 하다   ㄱ. 관심이 생기다

2) 한턱 내다   ㄴ. 뻐기다

3) 귀가 솔깃해 지다   ㄷ. 아주 쉬운 일

4) 식은 죽 먹기   ㄹ. 대접하다

5. 나머지 셋과 관계가 가장 먼 것을 하나 고르세요.

Choose the word that is least related to the other three.

1) ㄱ. 토끼　　ㄴ. 거북이　ㄷ. 동물　　ㄹ. 주위

2) ㄱ. 경기　　ㄴ. 결심　　ㄷ. 시합　　ㄹ. 달리기

3) ㄱ. 느림보　ㄴ. 지다　　ㄷ. 이기다　ㄹ. 경기

6. 아래 단어의 반대말을 본문에서 찾아 쓰세요.

Write the antonyms of the following words from the main text.

1) 출발하다: _____

2) 이기다: _____

3) 느리다: _____

4) 일하다: _____

5) 자다: _____

7. 맞춤법이 틀린 곳에 밑줄을 치고 맞게 고쳐 쓰세요.

Underline the incorrect spellings and correct them.

1) 옌날 아주 자근 산에 토끼와 거부기가 사랐습니다.

2) 토끼는 너무 화가 낫지만 약속을 해쓰니까 할 수 업시 전녁을 사 주었습니다.

8. 질문에 대답하세요.

Answer the following questions.

1) 여러분이 잘난 척 하고 싶을 때는 언제예요?

2) 여러분은 심심할 때 보통 뭘 해요?

3) 여러분은 언제 한턱 내요?

4) 여러분한테는 어떤 일이 '식은 죽 먹기'예요?

5) 여러분은 올해 어떤 새해결심(New Year's Resolution)을 했어요? (use ~기로 했어요 in your answer.)

VII. QUESTIONS FOR DISCUSSION AND COMPOSITION
토론과 작문 질문

---

1. 이 이야기의 주제는 무엇이라고 생각합니까?

2. 여러분이 토끼라면 경주를 했겠습니까? 거북이라면 어떻게 했겠습니까?

3. 여러분은 누가 더 마음에 들었습니까? 왜요?

4. 거북이는 토끼한테 존댓말을 쓰고 있지만 토끼는 거북이한테 반말을 쓰고 있습니다. 왜 그런 것 같아요?

6. 거북이의 성격(personality, character)은 어때요? 토끼의 성격은 어때요? 여러분은 토끼와 비슷해요? 거북이와 비슷해요?

7. 여러분 나라에도 이 이야기와 비슷한 이야기가 있어요? 있으면 얘기해 보세요.

어떻게 비슷하고 어떻게 달라요?

VIII. ACTIVITIES AND TASKS
관련활동과 과제

---

1. 본문을 가지고 역할극(role play)을 해 보세요.

   * 때: 어느 여름날

   * 곳: 작은 산

   * 나오는 사람들: 토끼, 거북이

2. 토끼에게 편지를 써 보세요. 거북이에게 편지를 써 보세요.

   무슨 말을 해 주고 싶어요?

3. 이 이야기를 읽고 무엇을 느꼈어요? 그리고 무엇을 배웠어요?

   자유롭게 감상문(response essay)을 써 보세요.

4. 동물들은 각각 독특한 특성(unique characteristics)을 가지고 있습니다. 여러분이 특히 좋아하는 다른 동물을 둘 골라서 비슷한 이야기를 만들어 보세요.

5. 이 이야기는 우화라고 할 수 있습니다. 우화
   (fable)의 특성은 무엇이라고 생각해요? 여러분이
   알고 있는 다른 우화들에 대해 연구한 다음 연구
   결과를 친구들과 나누어 보세요. 영어로 해도 괜
   찮습니다.

IX. LEARNING ABOUT CULTURE
Animal Characters in Korean Folk Tales

Animals appear frequently as main characters in many Korean folk tales. Those tales are called *dongmuldam* (animal tales) in Korean. The genre of *dongmuldam* is typically divided into three main categories; tales of animal origins called *dongmulyuraedam* (동물유래담), full-scale animal tales called *bonkyeokdongmuldam* (본격동물담) and animal fables called *dongmuluhwa* (동물우화). Tales of animal origins are, for example, stories that explain why dogs and cats became each other's enemies. The full-scale animal tales usually bestow human qualities on the animals and personify them. On the other hand, animal fables include moral lessons in the story by categorizing animals into a number of prototypes and transforming human actions into animal behaviors.

According to a study of Korean folk literature (Cho, 1996), the two most frequently appearing animals in Korean folk tales are the tiger and the hare. More specifically, Cho reports that the tiger appears 43 times while the hare appears 40 times, followed by the fox, which appears 24 times. Other popular animals in Korean folk tales include toad, rat/mouse, crab, bear, pig, frog, cow, ant, turtle, dog and chicken. It is interesting that the hare appears more frequently than the fox does, because the fox appears more frequently in folk tales from other cultures.

Among animals, the tiger is one of the most beloved animal characters in Korean folk tales. Some Korean folk tales even begin with a phrase like "Long long ago during the time when tiger smoked a cigarette...." There are various types of tiger depictions in Korean folk tales. In the first type, tigers are described as good-natured and grateful beings who repay the kindness that they receive. The tigers in these stories either help human beings because human beings help them first and so they want to return the favor, or the tigers repay the kindness because they are touched by the behavior of the human beings. In the second type, the tiger is depicted as a cruel animal. In these stories, tigers eat and devour human beings. The human beings are either devoured by the tiger but come back to life, or escape from the danger of being eaten with the help of God or through their own wisdom. In the third type, tigers are depicted as foolish. In these stories, the tigers are ridiculed by small animals, especially the hare and the fox. These small and weak animals trick the tigers and win. In the fourth type, the tigers are described as masters of transformation. In these stories, some tigers transform into human beings and some human beings transform into tigers.

RELATED PROVERBS
관련 속담

(1) 뛰는 놈 위에 나는 놈 있다

There is someone flying over someone running.

Meaning: There is always someone who is better than me.

(2) 벼는 익을수록 고개를 숙인다

As the rice tree ripens, it lowers its head.

Meaning: When one becomes better or more knowledgeable, he/she becomes humble.

Message: Be humble.

A long time ago on a small mountain, there lived a hare and a tortoise. Of the small animals that lived on the mountain, the hare was the fastest and was conceited about it. Because the hare was so proud, the tortoise didn't like seeing the hare bragging. The tortoise wanted to make fun of the hare, and so one day he spoke to the hare.

"Hare, isn't the weather so nice today? Since we're bored, how about a racing contest? Because you're incredibly fast, you're sure to win."

"Yes, of course I would win. Because on this mountain, there is no one faster than me. But if you know for sure you will lose, why do you want to race?"

"Oh, because I'm bored. Let's race once, OK? Let's decide that the one who loses should treat the other to dinner. You should win with no problem."

The hare, with his ears perked up, spoke.

"Really? Then today I probably won't have to worry about dinner, ha ha ha...."

The hare and tortoise agreed to race to the village at the bottom of the mountain. As soon as the race began, the hare, looking only forward, ran very fast. Some time later, the curious hare turned and looked. The tortoise was not in sight. The hare thought, "Hm, because I haven't seen the slow tortoise yet, I should take a nap and then continue. Even so, I should be able to win without any problem."

While the hare was sleeping, the tortoise, without stopping to rest, ran assiduously. Ahead of the sleeping hare, he arrived at the village first and waited for the hare.

After his long sleep, the hare woke up and looked around. He still couldn't see the tortoise. The hare thought, "What, he still hasn't arrived? Well, after all, the tortoise is slow. Racing with the tortoise is a piece of cake," and went down to the village.

But what had happened? The tortoise saw and greeted the hare.

"Hello Hare, I arrived 30 minutes ago and have been waiting for you. Why did you just arrive? Did you have a pressing matter? Anyway, since you lost, I guess you have to buy dinner. How wonderful! Thank you, Hare."

The hare was so mad, but because he made the promise, he couldn't help buying the tortoise dinner. The hare made up his mind not to sleep during any more races ever again.

EXTRA READING:
토끼와 거북이 2

I. MAIN TEXT

옛날 옛날 어느 작은 산에 토끼와 거북이가 살았습니다. 거북이는 모르고 있었지만… 토끼는 거북이를 사랑했습니다. 누구한테도 알리지 않은 토끼의 소중한 마음이었지요.

토끼는 거북이의 모습에 가슴이 아팠습니다. 거북이는 느린 자신에 대해 항상 슬퍼하고 있었으니까요. 토끼는 거북이를 사랑했습니다. 그래서 어떻게든 거북이에게 자신감을 주고 싶었습니다.

"애, 거북아! 나랑 경주하지 않을래? 너는 절대 내상대가 될 수 없지만 말이야. 어때? 네가 이기면 내가저녁을 사 줄게."

"그래 토끼야. 내가 비록 느리지만 경주를 할게. 빠른 것만이 최고가 아니라는 걸 보여 주겠어."

토끼는 기뻤습니다. 바보같이….

경주가 시작되었습니다. 높은 산꼭대기까지 올라가는 것이었습니다. 거북이는 도저히 토끼를 따라잡을 수 없었습니다. 토끼는 어느새 저만치 가고 있었습니다.

"거북이가 올라올까? 포기하지 않고 올라올까?"

앞서가는 토끼는 달리면서도 거북이만 생각했습니다. 너무 차이가 나 버렸기 때문에 토끼는 거북이를 기다리기로 했습니다. 그러나 무작정 기다릴 수가 없어서 토끼는 길가에 누워서 자는 척을 했습니다. 그리고 거북이가 다가와 깨워주길 바랐습니다. 그래서… 함께 달리기를 원했습니다. 둘이서….

그러나 거북이는 잠든 척 누워있는 토끼를 지나서 경주에 이기고 말았습니다. 그렇지만 거북이는 모르겠지요. 토끼의 눈물을…

경주가 끝난 후 거북이는 근면과 성실의 상징이 되었습니다. 한편, 토끼는 자만과 방심의 상징이 되어 버렸지요. 그렇지만 토끼는 아무 말없이 그 비난을 다 받았습니다. 그렇게 해서라도 거북이가 기뻐하는 모습을 보고 싶었으니까요.

옛날 옛날 어느 작은 산에 토끼와 거북이가 살았습니다. 거북이는 모르고 있었지만 토끼는 거북이를 사랑했습니다. 그리고 그건 토끼 혼자만의 아픔이었습니다 (노트: 인터넷에 떠도는 이야기라서 출처가 분명치 않음을 밝힌다).

II. WORDS AND EXPRESSIONS

알리다	to inform
소중하다	to be precious
마음	heart
모습	look
가슴이 아프다	heart aches, breaks

굼뜨다	to be very slow, sluggish
자신감	self-confidence
절대	absolutely, never
상대	partner
비록	although
최고	the best
산꼭대기	top of the mountain
따라잡다	to catch up
저만치	over there, to that distance
포기하다	to give up
차이	difference, gap
무작정	without plan
길가	roadside
다가오다	to approach
원하다	to want
눈물	tears
근면	diligence
성실	earnestness, diligence
상징	symbol
자만	complacency, self-conceit
방심	absentmindedness, carelessness
비난	criticism, blame
아픔	pain

A long, long time ago on a small mountain, there lived a hare and a tortoise. Although the tortoise did not know it, the hare loved the tortoise. Not telling anyone, the hare kept this precious secret to himself.

The hare's heart ached because of the tortoise's look, because the tortoise was always sad about being so slow. The hare loved the tortoise. Therefore, he wanted to give the tortoise self-confidence in any way he could.

"Hey, Tortoise! Won't you have a race with me? You could never beat me, but... What do you think? If you win, I will buy you dinner."

"Okay, Hare. Although I'm slow, I'll race. I'll show you that being the fastest isn't everything."

The hare was happy, like a fool.

The race began. They were to race to the top of the mountain. The tortoise could not keep up with the hare no matter what. The hare was already too far ahead.

"Will the tortoise even make it up here without giving up?"

The winning hare, even while racing, thought only about the tortoise. Because the distance between them became too great, the hare decided to wait for the tortoise. However, because the hare couldn't wait without any plan, he lay down on the roadside and pretended to sleep. He wanted the tortoise to approach and wake him up. So... he wanted to run together. Together...

But then the tortoise passed the hare, who was pretending to sleep, and won the race. But the tortoise would never know the tears of the hare.

After the race was over, the tortoise became a symbol of industry and earnestness. Meanwhile, the hare became a symbol of self-conceit and absent-mindedness. However, the hare received all the criticism in silence, since he had wanted to see the tortoise happy.

A long, long time ago, on a small mountain there lived a hare and a tortoise. Although the tortoise did not know it, the hare loved the tortoise. And it was the pain of the hare alone.

해님 달님
THE SUN AND THE MOON

1. Core Vocabulary:

남매	brothers and sisters
고개	ridge
호랑이	tiger
떡바구니	rice cake basket
나무	tree
하늘/ 하느님	heaven/God
새 줄/ 헌 줄	new rope/old rope

2. Grammar:

__(으)려면	if intend to
___아/어야 하다	must (necessity or obligation)
___때(마다/에)	every time
___고 말다	to end up doing (something)
___아/어 버리다	do something completely

3. Expressions:

겁이 나다	to be scared of, frightened
고개를 넘다	to cross a bridge
두손모아 빌다/ 기도하다	to keep one's fingers crossed
땅에 떨어지다	to fall to the ground
세상을 비추다	to light up the world

1. 이 이야기는 무엇에 대한 이야기일까요? 제목과 그림을 보고 어떤 내용일지 추측해 보세요.

2. 옛날 이야기에는 자연(nature)이 주인공(main character)으로 자주 나옵니다. 여러분이 알고 있는 이야기에는 어떤 것이 있어요?

3. 이 이야기에서 해님은 누구이고 달님은 누구일까요? 해님과 달님은 어떤 관계에 있을까요?

III. MAIN STORY
본문

옛날 어느 산골마을에 홀어머니와 두 남매가 살고 있었습니다. 어느 날 어머니는 이웃마을의 잔칫집 일을 도와주고 집으로 돌아오고 있었습니다. 그런데 집에 도착하려면 스무 고개를 넘어야 했습니다. 어머니는 잔칫집에서 얻은 무거운 떡바구니를 이고 부지런히 걸었습니다. 첫 번째 고개를 넘어가는데 호랑이가 나타났습니다. 호랑이는 "떡 하나 주면 안 잡아먹지, 어흥!" 하고 말했습니다. 겁이 난 어머니는 떡 하나를 주었습니다.

　그런데 고개를 넘을 때마다 호랑이가 나타났습니다. 결국 열 아홉 번째 고개를 넘을 때에는 떡바구니가 텅 비고 말았습니다. 스무 번째 고개를 넘을 때 다시 떡보 호랑이가 나타났지만 어머니는 줄 떡이 없었습니다. 호랑이는 화가 나서 대신 어머니를 잡아먹어 버렸습니다. 그리고 어머니의 옷을 입고 남매가 있는 집으로 찾아갔습니다.

　"애들아, 엄마 왔다. 어서 문 열어." 하고 호랑이는 말했습니다. 남매는 문구멍으로 밖을 내다보았습니다. "아니에요. 우리 엄마가 아니에요. 우리 엄마 손은 밀가루처럼 하얀 걸요." 남매가 문을 열어주지 않으니까 호랑이는 문을 마구 흔들었습니다. 겁이 난 남매는 뒷문으로 나가서 우물 옆에 있는 나무 위로 올라갔습니다. 호랑이가 헐레벌떡 쫓아와서 물었습니다. "애들아, 나무에는 어떻게 올라갔니?" "참기름 바르고 올라왔어요." 하고 오빠가 말했습니다. 그런데 겁이 난 동생이 그만 "아니에요. 아니에요. 도끼로 찍고 올라왔어요." 하고 사실대로 말해 버렸습니다.

　호랑이는 곧 도끼로 찍어가며 올라오기 시작했습니다. "오, 하느님! 저희를 살려주시려면 새 줄을 내려주시고, 죽이시려면 헌 줄을 내려주세요." 남매는 두 손모아 기도했습니다. 그러자 하늘에서 새 줄이 내려왔습니다. 남매는 줄을 타고 하늘로 올라갔습니다. 남매를 놓친 호랑이도 똑같이 빌었습니다. "하느님, 저를 살리시려면 새 줄을 내려주시고, 죽이시려면 헌 줄을 내려주세요." 그러자 하늘에서 줄이 내려왔습니다. 그러나 호랑이가 탄 줄은 중간에서 끊어져서 호랑이는 땅에 떨어져 죽고 말았습니다. 얼마 후 하늘에는 해님과 달님이 나와서 정답게 세상을 비추었습니다. 달님이 된 오빠와 해님이 된 동생입니다.

산골	mountain village
홀어머니	single mother
남매	brothers and sisters
이웃마을	neighboring village
잔칫집	house of feast or banquet
도착하다	to arrive
스무 고개	twenty ridges
떡바구니	rice cake basket
이다	to carry on one's head
부지런히	diligently
대신	instead
잡아먹다	to slaughter and eat, to devour
텅 비다	to empty completely
문구멍	door hole
어흥거리다	to make 'growling' sound
마구	carelessly, without discretion
겁이 나다	to be scared, frightened
우물	a well
헐레벌떡	panting and puffing
참기름	sesame oil
바르다	to apply, spread (ointment, etc.)
도끼	an axe
찍다	to chop
사실대로	truthfully
살리다	to save someone's life (lit. make someone alive)

새 줄	new rope
죽이다	to kill
헌 줄	old rope
두손모아 기도하다	to keep one's fingers crossed (lit. to pray with two hands together)
줄을 타다	to climb, walk on a rope
빌다	to pray
중간	the middle
끊어지다	to be cut off
해님	the sun
달님	the moon
정답게	affectionately, endearingly
세상	the world
비추다	to light up, to shed light on

V. COMPREHENSION
내용이해 확인

---

1. 어머니는 왜 이웃마을에 갔습니까?

2. 어머니가 집으로 돌아오려면 몇 개의 고개를 넘어야 했습니까?

3. 호랑이가 나타났을 때 어머니는 호랑이에게 무엇을 주었습니까?

4. 어머니의 떡바구니는 언제 텅 비고 말았습니까?

5. 스무 번째 고개에서 무슨 일이 생겼습니까?

6. 남매의 집에 누가 찾아왔습니까?

7. 남매는 찾아 온 사람이 엄마가 아닌 것을 어떻게 알았습니까?

8. 남매는 왜 겁이 났습니까?

9. 겁이 난 남매는 어떻게 했습니까?

10. 호랑이는 어떻게 나무 위로 올라갔습니까?

11. 남매와 호랑이는 똑같이 하느님한테 기도했습니다. 어떻게 기도했습니까?

12. 남매는 어떻게 하늘나라로 올라갔습니까?

13. 호랑이는 어떻게 되었습니까?

14. 남매는 무엇과 무엇이 되었습니까?

VI. EXERCISES
연습

---

1. ## 밑줄 친 말과 뜻이 가장 비슷한 말을 고르세요.

   Choose the closest words in meaning to the underlined words.

   ....

   1) 어머니는 무거운 떡바구니를 이고 <u>부지런히</u> 걸었습니다.
      ㄱ. 즐겁게　　　　　ㄴ. 열심히
      ㄷ. 천천히　　　　　ㄹ. 조금씩

   2) 호랑이는 화가 나서 방문을 <u>마구</u> 흔들었습니다.
      ㄱ. 함부로, 세게　　ㄴ. 조심스럽게
      ㄷ. 소리치며　　　　ㄹ. 살살

3) <u>겁이 난</u> 남매는 나무 위로 올라갔습니다.
  ㄱ. 걱정이 된   ㄴ. 놀란
  ㄷ. 급한   ㄹ. 무서워진

4) 호랑이도 남매와 똑같이 하느님한테 <u>빌었습니</u>
  <u>다.</u>
  ㄱ. 올라갔습니다   ㄴ. 기도했습니다
  ㄷ. 불평했습니다   ㄹ. 쫓아갔습니다

5) 얼마 후 하늘에는 해님과 달님이 나와 <u>정답게</u>
  세상을 비추었습니다.
  ㄱ. 사이좋게   ㄴ. 따로따로
  ㄷ. 밝게   ㄹ. 어둡게

2. 누구일까요? 보기에서 맞는 단어를 찾아 쓰세요.
Who is it? Write the appropriate word from the examples.
....

<보기: 자매   형제   남매   홀어머니>

1. 나는 아이들이 있어요. 그런데 남편은 없어요.
   _____

2. 나 (여자)와 오빠, 나 (남자)와 누나는 이것이에
   요. _____

3. 나 (남자)와 우리 형님은 이것이에요.
   _____

4. 나 (여자)와 우리 언니는 이것이에요.
   _____

3. 설명을 읽고 맞는 단어를 본문에서 찾아 쓰세요.

Write the word from the main text that has the following definition.

....

1) 여기에 무엇을 담아요. 보통 나무로 만들었어요. :

_____

2) '가운데'의 다른 말이에요. : _____

3) 여기서 물을 구할 수 있어요. 보통 시골에 많아
   요. : _____

4) 이것으로 나무를 잘라요. : _____

5) 한국사람들이 요리할 때 많이 넣어요. 깨
   (sesame)로 만들어요. : _____

6) 돌, 생일, 결혼 같은 좋은 일이 있을 때 축하하기
   위해 사람들을 많이 초대해서 하는 거예요. :

_____

4. 관계있는 것끼리 연결하여 문장을 만드세요.

Connect the related words and make sentences.

....

1) 헐레벌떡   ㄱ. 빌다

2) 두손 모아   ㄴ. 말다

3) 툭하고   ㄷ. 쫓아오다

4) 텅 비고   ㄹ. 비추다

5) 정답게   ㅁ. 끊어지다

_____

_____

_____

_____

_____

5. 나머지 셋과 가장 거리가 먼 것을 하나 고르고 셋
의 공통점을 영어로 쓰세요.

Choose the word that is least related to the other three and write

what the other three have in common.

1) ㄱ. 떡　　　　　ㄴ. 참기름
　ㄷ. 줄　　　　　ㄹ. 밀가루

_____

2) ㄱ. 방문　　　　ㄴ. 우물
　ㄷ. 나무　　　　ㄹ. 고개

_____

3) ㄱ. 해님　　　　ㄴ. 하느님
　ㄷ. 달님　　　　ㄹ. 별님

_____

6. 아래 단어의 반대말을 본문에서 찾아 쓰세요.

Write the antonyms of the following words from the main text.

1) 살리다: _____

2) 헌 줄: _____

3) 꽉 차다: _____

4) 무겁다: _____

5) 게으르게: _____

7. 무슨 잔치일까요? 그림을 보고 보기에서 맞는 단어를 찾아 대답해 보세요.

What party is it? Look at the picture and write the correct word from the examples.

<보기: 결혼 생일 돌 백일 환갑 졸업>

생일잔치

_____ _____ _____

_____ _____ _____

8. 맞는 접속사를 보기에서 골라 빈칸을 채우세요.
한 접속사를 한 번만 쓰세요.

Choose the correct conjunction from the examples and fill in the blanks. Each conjunction should be used only once.

<보기: 그래서 그런데 그리고 그러나 그러자>

1) 호랑이는 어머니를 잡아먹었습니다. _____ 어머니의 옷을 입고 남매가 있는 집으로 찾아갔습니다.

2) 남매는 두손 모아 하느님께 기도했습니다. _____ 하늘에서 새 줄이 내려왔습니다.

3) 호랑이가 떡을 먹고 싶어했습니다. _____ 어머니는 호랑이에게 떡을 하나 주었습니다.

4) 호랑이에게도 하늘에서 줄이 내려왔습니다. _____ 호랑이가 탄 줄은 중간에서 끊어져서 호랑이는 죽고 말았습니다.

5) 어머니는 호랑이에게 떡을 주었습니다. _____ 고개를 넘을 때마다 호랑이가 나타나서 곧 떡바구니가 텅 비고 말았습니다.

9. 어떻게 운반(carry/transport)할까요? 맞는 답을 보기 에서 고르세요.

How do you carry? Choose the correct answer from the examples.

<예>

(머리에 이고 가요)

<보기: 어깨에 매고 가요   허리에 차고 가요
        등에 지고 가요   손에 들고 가요>

1)

_____

2)

_____

3)

_____

4)

_____

10. 보기와 같이 써 보세요.

Write as in the examples.

. . . .

<보기: 눈처럼 하얗다 (as white as snow)>

1) _____ (as black as soot)
   (help: soot 숯)

2) _____ (as diligent as ants)
   (help: ants 개미)

3) _____ (as beautiful as a flower)

4) _____ (as quick as lightning)
   (help: lightning 번개)

11. 보기와 같이 단어를 만들어 보세요.

Make words as in the examples.

$\cdots\cdots\cdots\cdots\cdots\cdots\cdots\cdots\cdots\cdots\cdots\cdots\cdots\cdots\cdots\cdots\cdots\cdots\cdots\cdots\cdots\cdots\cdots\cdots\cdots\cdots$

<보기: 떡보 — 떡을 아주 좋아하는 사람>

1) _____ : 뚱뚱한 사람

2) _____ : 잘 우는 사람

3) _____ : 먹는 걸 좋아하고 많이 먹는 사람

4) _____ : 행동이나 움직임이 느린 사람

12. 단어의 성격이 다른 것을 하나 고르고 나머지 셋의 공통점을 영어로 쓰세요.

Choose the word that is different from the other three in word formation and write what the other three have in common.

$\cdots\cdots\cdots\cdots\cdots\cdots\cdots\cdots\cdots\cdots\cdots\cdots\cdots\cdots\cdots\cdots\cdots\cdots\cdots\cdots\cdots\cdots\cdots\cdots\cdots\cdots$

1) ㄱ. 홀어머니   ㄴ. 잔칫집
   ㄷ. 떡바구니   ㄹ. 문구멍

   _____

2) ㄱ. 나타나다   ㄴ. 올라가다
   ㄷ. 잡아먹다   ㄹ. 쫓아오다

   _____

1. 이 이야기는 무엇에 대한 이야기예요? 주제가 뭐예요? 여러분은 이 이야기를 읽고 무엇을 느꼈어요?

2. 어려움에서 잘 빠져나오려면 지혜(wisdom)가 필요합니다. 여러분이 이 이야기에 나오는 남매였다면 어떻게 했을 것 같아요?

3. 한국 이야기에는 호랑이가 많이 나옵니다. 이 이야기에서 호랑이는 어떻게 그려지고 있습니까?

4. 이 이야기의 제목인 '해님 달님' 뒤에는 '님'이 붙어 있습니다. 왜 '해와 달'이라고 하지 않고 '해님 달님'이라고 했을까요?

1. 노래를 불러 봅시다.

꼬부랑 할머니

한태근 작사/ 작곡

2. 선생님의 도움을 받아서 다음의 노래를 완성해 보세요.

꼬불꼬불, <u>첫째</u> 고개, <u>첫</u>사랑을 만나서 너무 행복했던 고개

꼬불꼬불, <u>둘째</u> 고개, <u>둘</u>도 없는 님을 만나 좋아 좋아 넘던 고개

꼬불꼬불, <u>셋째</u> 고개,

꼬불꼬불, <u>넷째</u> 고개,

꼬불꼬불, <u>다섯째</u> 고개,

3. 이 이야기를 현대(modern times)를 배경 (background)으로 다시 써 보세요.

무엇을 어떻게 바꾸는 게 좋을까요?

4. 호랑이가 나오는 한국의 다른 이야기를 적어도 (at least) 세 개 찾아 보세요. 그리고 그 이야기에 서 호랑이는 어떻게 그려지고 있는지 비교해 보 세요. 한국 문화에서 호랑이는 어떤 역할을 하고 있는지 연구해 보세요.

IX. LEARNING ABOUT CULTURE
Tteok (Rice Cakes) in Korean Culture

Tteok is the Korean name for various types of rice cakes made in a steamer, which are of great importance as a symbolic food in Korean culture. *Tteok* can be made from glutinous or non-glutinous rice and can be prepared following different methods like steaming, pounding, kneading, pressing, and frying. *Tteok* is an ancient part of Korean culture, dating back to the days when Koreans first began to cultivate rice. It is even depicted on ancient relics and tomb paintings. After the Goryeo Dynasty, the court supported increased grain production, and the full-fledged art of making *tteok* flourished during the Joseon Dynasty.

Tteok has taken on important symbolic significance in Korean culture, and is a vital part of many seasonal festivals, rites of passage, and celebrations such as the *dol* banquet for a baby's first birthday, the *hwangap* banquet to celebrate a sixtieth birthday, sacred rites, wedding receptions, and funerals. However, eating *tteok* was also a part of daily life, as expressed in the idiom "like eating tteok" (a common or frequent action). *Tteok* was traditionally prepared as a plentiful dish to share with neighbors or relatives, reinforcing the value of shared traditions and experiences.

As a ceremonial food displayed on various occasions, *tteok* must have an appealing appearance as well as a delicious taste. It can be dyed with gardenia seeds or mugwort, crafted in a mold to create different shapes of rice cakes, or decorated with flower petals or pine nuts. Different occasions traditionally call for their own kinds of *tteok*. For example, *baeksolgi* (plain, undecorated white rice cake) is made for sacred days and a baby's 100-day anniversary *(baekil)* and first birthday, although more elaborate *gyeongdan* (sweetened white rice cake balls coated with red bean flour, ground sesame seeds, or cinnamon) can also be used for these celebrations. *Sirutteok* (common *tteok* cooked in a steamer with red beans) is presented to new neighbors when one moves to a new house, and was traditionally offered to spirits or household gods, while *songpyeon* (half-moon-shaped rice cake stuffed with sesame seeds or chestnut paste and steamed over pine needles) is eaten to celebrate *Chuseok* (the harvest moon festival). *Injeolmi* (pounded glutinous rice cakes covered in bean flour) not only formed an offering for traditional rites, but is also eaten on many festive occasions. You can even see *tteok* in the form of rice-cake soup *(tteokguk)* or stir-fried rice cakes *(tteok-bokki)*!

In contemporary Korea, most families usually buy ready-made *tteok* rather than making it at home. However, even as Western food has become more popular in Korea, *tteok* has still remained an important part of the culture. This special food is still prepared at home and shared with neighbors for important holidays like *Seollal*, New Year's Day, and *Chuseok*, the Full Moon Festival.

(1) 호랑이 굴에 잡혀가도 정신만 차리면 산다

Even though one is taken to the tiger's den, one can save one's life if one is focused and keeps one's wits about one.

(2) 하늘이 무너져도 솟아날 구멍이 있다

Even if the sky falls, there is a hole to escape.

Message: Be calm/composed under any circumstances because there is always a solution to problems.

X. ENGLISH TRANSLATION OF THE STORY

A long time ago, in a mountain village, there lived a single mother and her two children. One day, the mother was coming back home after helping at the house of a feast in a neighboring village. To reach her house, she had to cross twenty ridges. The mother was walking diligently, carrying on her head a heavy package of rice cakes she had received from her neighbor. She was crossing the first pass, but a tiger appeared. The tiger said, "If you give me one rice cake, I won't eat you. Roar!" The frightened mother gave him a rice cake.

But then at every pass, a tiger appeared. Finally, at the nineteenth pass, the rice cake basket was completely empty. At the twentieth pass, a rice-cake-loving tiger appeared again, but the mother had no more rice cakes to give. The tiger became angry and ate the mother. Then he put on the mother's clothes and went to the house where her children were.

"Children, Mother has arrived. Open the door," said the tiger. The children looked out the hole in the door. "No. You are not our mother. Our mother's hand is as white as flour." Because the children did not open it for him, the tiger shook the door carelessly. The frightened children left through the back door and climbed up a tree that was beside a well. The tiger, out of breath, followed them and spoke. "Children, how did you get up the tree?" "We coated the tree with sesame oil," said the older brother. But the frightened younger sibling said, "No. No. We came up chopping the tree with an axe." Thereby, she had told the truth.

The tiger, right away, began to use an axe to climb up the tree. "Oh, God! If you want to save us, please drop a new rope, and if you want us to die, drop an old rope," the children prayed. Suddenly, from the sky, a new rope came down. The children took the rope and ascended to heaven. The tiger, who had lost sight of the children, begged just as they had. "God, if you want to save me, please drop a new rope, and if you want me to die, please drop an old rope." A rope came down from the sky. The tiger climbed onto the rope, which broke in the middle, and the tiger fell to the ground and died. From then on, the sun and moon came out in the sky and shone on the world tenderly. They are the older brother who became the moon, and his younger sister who became the sun.

단군신화
THE MYTH OF DANGUN

1. Core Vocabulary:

하느님	God
인간	human being
호랑이	tiger
곰	bear
마늘	garlic
쑥	mugwort
햇빛	sunlight
동굴	cave
참다/견디다	to bear, endure
탄생	birth
개천절	National Foundation Day

2. Grammar:

~고 싶다	want to, would like to
~은/는대로	just as
~(이)든지	~ever (whatever, whoever, etc.)
~지 말다	don't ~ / let's not ~
~아/어 지다	become ~
~(으)ㄹ 수 없다	can't ~
~지만	but
~(으)려고 하다	intend to ~
~(으)ㄴ 후	after ~
~(이)며	and

3. Expressions:

나라를 세우다   to found a country
청을 들어주다   to grant one's wish or request
소원이 이루어지다   wish is granted, accomplished
성미가 급하다   to be short-tempered
참을성이 많다   to be patient
아이를 낳다   to give birth
불쌍히 여기다   to take pity on~

II. WARM-UP
준비학습

---

1. 여러분은 여러분 나라의 건국신화(foundation myth)에 대해 알고 있습니까?

   한국의 건국신화에 대해 들어본 일이 있습니까?

2. 신화는 무엇이며 신화의 일반적인 특성은 무엇입니까?

3. 이 이야기에서 하느님, 호랑이, 곰, 그리고 인간은 어떤 관계에 있을까요?

   이들 사이에 무슨 일이 있었는지 추측해 보세요.

아주 오랜 옛날에 하느님의 아들 환웅이 삼천 명의 하늘나라 사람들을 데리고 인간이 사는 땅으로 내려왔습니다. 환웅은 백두산 아래에 나라를 세우고 다스리기 시작했습니다.

백두산 주위에는 많은 짐승들이 살고 있었는데 어느 날 호랑이 한 마리와 곰 한 마리가 환웅을 찾아왔습니다. 호랑이와 곰은 "환웅님, 저희들은 인간이 되고 싶습니다. 제발 저희들이 인간이 될 수 있게 좀 도와주십시오." 하고 간청했습니다. 환웅은 "그렇게 인간이 되고 싶다면 청을 들어주겠다. 그러나 내가 시키는대로 해야만 한다. 할 수 있겠느냐?" 하고 물었습니다. 호랑이와 곰은 "물론입니다. 말씀해 주십시오. 무엇이든지 하겠습니다" 하고 대답했습니다. 환웅은 그들에게 마늘과 쑥을 주면서 "이것만 먹고 백일 동안 절대로 햇빛을 보지 말아라. 내 말을 잘 지키면 너희들의 소원이 이루어질 것이다." 하고 말했습니다. 호랑이와 곰은 환웅에게 감사하고 깊은 동굴 속으로 들어가서 마늘과 쑥만 먹으면서 살기 시작했습니다.

그러나, 성미가 급한 호랑이는 어두운 동굴속이 너무 답답했습니다. 그리고 쑥과 마늘은 쓰고 매워서 먹을 수가 없었습니다. 배가 고파서 도저히 참을 수가 없어진 호랑이는 며칠을 견디지 못하고 밖으로 나오고 말았습니다. 그러나 참을성이 많은 곰은 모든 고통을 참고 견디어서 아름다운 처녀로 변했습니다. 곰이 사람이 된 것입니다. 그 처녀는 이름을 웅녀라 했습니다. 웅녀는 결혼을 해야 했지만 아무도 웅녀와 결혼을 하려고 하지 않았습니다. 그래서 웅녀는 다시 환웅을 찾아가서 아이를 낳게 해 달라고 간청했습니다.

웅녀를 불쌍히 여긴 환웅은 웅녀와 결혼하여 아들을 낳았는데 그 아들이 단군입니다. 단군은 B.C. 2333년 평양에 나라를 세워서 다스렸는데 이 나라가 고조선입니다. 단군은 1500년 동안 고조선을 다스린 후 산으로 들어가서 산신령이 되었다고 합니다. 단군은 대한민국 최초의 왕이며 10월 3일은 한국의 탄생을 기념하는 날인데 이 날을 개천절이라고 부릅니다. 개천절이란 하늘을 연 날이라는 뜻인데 이 날은 한국의 공휴일입니다.

IV. WORDS AND EXPRESSIONS
단어와 표현

하느님	God
인간	human being
땅	earth, land
백두산	Baekdu mountain (in North Korea)
주위	surroundings
나라를 세우다	to establish/found a country
다스리다	to rule, govern
짐승	beast
호랑이	tiger
곰	bear
제발	please (when begging)
간청하다	to beg earnestly, beseech

시키다	to order, to make someone do something
마늘	garlic
쑥	mugwort (herb)
햇빛	sunlight
소원이 이루어지다	wish is granted
깊은 동굴	deep cave
성미가 급하다	to be short-tempered
답답하다	to feel stuffy, suffocated
참다	to endure, bear
견디다	to endure
참을성	endurance
고통	pain, suffering
처녀	unmarried woman
결혼하다	to marry
아이를 낳다	to give birth
아들	son
평양	Pyeongyang (capital of N. Korea)
고조선	Old Joseon (2333 B.C. ~193 B.C.)
산신령	mountain spirit or god
불쌍히 여기다	to take pity on~
최초	the first
탄생	birth
기념하다	to commemorate
하늘	sky
공휴일	public holiday

1. 환웅은 누구이며 어디에 나라를 세워서 다스렸습니까?

2. 환웅을 찾아 온 짐승은 무엇과 무엇이었습니까?

3. 이 짐승들은 왜 환웅을 찾아왔습니까?

4. 이 짐승들은 인간이 되기 위해서 무엇을 해야 했습니까? 두 가지 쓰십시오.

5. 며칠을 견디지 못하고 동굴 밖으로 나온 짐승은 무엇이었습니까?

6. 이 짐승은 왜 며칠을 견디지 못하고 동굴 밖으로 나왔습니까?

7. 동굴속에서 견딘 짐승은 무엇이었습니까?

8. 이 짐승은 무엇으로 변했습니까?

9. 환웅은 왜 웅녀와 결혼했습니까?

10. 단군은 어떻게 태어났습니까?

11. 단군이 세워서 다스린 나라 이름은 무엇입니까?

12. 단군은 이 나라를 얼마동안 다스렸습니까?

13. 단군은 그 후에 무엇이 되었다고 합니까?

14. 개천절은 언제이며 이 날은 무슨 날입니까?

1. 밑줄 친 단어나 표현과 뜻이 가장 비슷한 것을 고르세요.

Choose the closest words in meaning to the underlined words.

1) 하느님의 아들 환웅이 삼천 명의 하늘나라 <u>사람들을 데리고</u> 인간이 사는 땅으로 내려왔습니다.
  ㄱ. 사람들을 만나서   ㄴ. 사람들과 함께
  ㄷ. 사람들을 위해서   ㄹ. 사람들을 도와서

2) <u>성미가 급한</u> 호랑이는 어두운 동굴 속이 너무 답답했습니다.
  ㄱ. 참을성이 없는   ㄴ. 성격이 나쁜
  ㄷ. 화를 잘 안 내는   ㄹ. 잘 참는

3) 참을성이 많은 곰은 모든 고통을 참고 견디어서 아름다운 처녀로 <u>변했습니다</u>.
  ㄱ. 다시 태어났습니다   ㄴ. 바뀌었습니다
  ㄷ. 자랐습니다   ㄹ. 사랑을 받았습니다

4) 웅녀는 다시 환웅을 찾아가서 아이를 낳게 해 달라고 <u>간청했습니다</u>.
  ㄱ. 간절히 부탁했습니다 ㄴ. 조용히 빌었습니다
  ㄷ. 천천히 얘기했습니다 ㄹ. 자꾸 귀찮게 했습니다

5) 웅녀를 불쌍히 <u>여긴</u> 환웅은 웅녀와 결혼하여 아들을 낳았는데 그 아들이 단군입니다.
ㄱ. 버린   ㄴ. 받아들인
ㄷ. 만든   ㄹ. 생각한

2. 보기에서 적당한 단어를 골라 빈 칸을 채우세요.
Fill in the blanks with the appropriate word from the examples.

<보기: 도저히   제발   절대로   아무도>

1) 환웅은 호랑이와 곰에게 마늘과 쑥을 주면서
"이것만 먹고 백일동안 _____ 햇빛을 보지
말아라." 하고 말했습니다.

2) 배가 고파서 _____ 참을 수가 없어진 호랑
이는 며칠을 견디지 못하고 밖으로 나오고 말았
습니다.

3) 호랑이와 곰은 환웅에게 "_____ 저희들이
인간이 될 수 있게 좀 도와 주십시오." 하고 간청
했습니다.

4) 웅녀는 결혼을 해야 했지만 _____ 웅녀와
결혼을 하려고 하지 않았습니다.

3. 설명을 읽고 맞는 단어를 본문에서 찾아 쓰세요.

Write the word from the main text that has the following definition.

1) 호랑이, 곰 같은 크고 사나운 동물:

_____

2) 맨 처음: _____

3) 바라고 원하는 것: _____

4) 간절히 바라고 부탁하다: _____

5) '사람'의 다른 말: _____

6) 결혼 안 한 여자: _____

4. 관계있는 것끼리 연결한 후 문장을 만드세요.

Connect the related words and make sentences.

1) 소원이   ㄱ. 세우다

2) 성미가   ㄴ. 이루어지다

3) 고통을   ㄷ. 급하다

4) 나라를   ㄹ. 참다

_____

_____

_____

_____

5. 나머지 셋과 가장 관계가 먼 것을 하나 고르세요.

Choose the word that is least related to the other three.

1) ㄱ. 인간   ㄴ. 짐승
    ㄷ. 곰   ㄹ. 호랑이

2) ㄱ. 동굴   ㄴ. 호수
    ㄷ. 산   ㄹ. 그림자

3) ㄱ. 탄생   ㄴ. 생일
    ㄷ. 결혼   ㄹ. 태어나다

4) ㄱ. 참다   ㄴ. 급하다
    ㄷ. 견디다   ㄹ. 이겨내다

5) ㄱ. 세우다   ㄴ. 동굴
    ㄷ. 어둡다   ㄹ. 답답하다

6. 아래 단어와 비슷한 말을 본문에서 찾아 쓰세요.

Write the synonyms of the following words from the main text.

1) 참다 : _____

2) 아픔 : _____

3) 바램 : _____

7. 아래에 주어진 동사가 잘못 쓰인 문장을 고르세요.

Choose the sentences where the following verbs are incorrectly used.

....

1) 답답하다
   - ㄱ. 방이 너무 더운데 창문이 없어서 좀 답답하다.
   - ㄴ. 어두운 동굴 속은 답답해서 견딜 수가 없다.
   - ㄷ. 친구가 내 마음을 알아주지 않아서 답답하다.
   - ㄹ. 맛없는 음식만 먹으니까 답답하다.

2) 이루다 / 이루어지다
   - ㄱ. 오랜 소원이 이루어져서 너무 기쁘다.
   - ㄴ. 꿈을 이룬 사람들은 행복한 사람들이다.
   - ㄷ. 내 생각이 이루어졌으면 좋겠다 .
   - ㄹ. 목표를 이루려면 열심히 노력해야 한다 .

3) 기념하다
   - ㄱ. 내일은 우리 부모님의 결혼 20 주년을 기념하는 날이다.
   - ㄴ. 슬픈 일이 있을 때 기념하면 기분이 좋아진다.
   - ㄷ. 개천절은 우리나라의 탄생을 기념하는 날이다.
   - ㄹ. 동생의 졸업을 기념하기 위해 가족들이 다 모였다.

8. 맞춤법이 틀린 글자를 찾아 밑줄을 치고 맞게 고쳐 쓰세요.

Underline the incorrect spellings and correct them.

1) 이것만 먹꼬 백일똥안 절때로 해삐츨 보지 마라라.

2) 곰은 동굴 바끄로 나와서 호수까로 물을 마시로 갔씀미다.

3) 환웅과 웅녀는 겨론하여 아들을 나았는데 그 아들이 단군임미다.

9. 그림을 보고 맞는 맛을 보기에서 골라 (가)에 쓰세요. 그리고 같은 맛을 가진 다른 음식 이름을 (나)에 쓰세요.

Look at the picture and write the correct taste in (가).

Write the name of another food that has the same taste in (나).

<보기:　　달다　　　쓰다　　　맵다　　　시다>

(가) _____　　_____　　_____　　_____

(나) _____　　_____　　_____　　_____

10. 어떻게 부탁할까요? 보기와 같이 해 보세요.

How do you make requests? Use the pattern given in the example.

<보기: 제발 좀 _____ 아/어 주세요.>

1) You wish your friend would help you with your homework.
→

2) You wish your girlfriend/boyfriend would go to a Christmas party with you.
→

3) You wish your parents would buy you a fancy car.

→

11. 빈 칸을 채워서 이야기를 완성해 보세요.
Fill in the blanks and complete the story.

어느 날 (　　　　　) 한 마리와 (　　　　　)
한 마리가 환웅을 찾아왔습니다. 그들은 환웅에게
(　　　　　)이 되고 싶다고 말했습니다. 환웅은 그
들에게 (　　　　　) 과 (　　　) 을 주면서 "백일
동안 절대로 (　　　　　)을 보지 말아라"고 했습니다.
두 짐승은 깊은 (　　　　　) 속으로 들어가서 살기
시작했습니다. 그러나, 성미가 급한 한 짐승은 어두운
(　　　　　) 속이 너무 답답하고, (　　　　　)과
(　　　　　)은 쓰고 매워서 먹을 수가 없었습니다.
그 짐승은 며칠을 견디지 못하고 (　　　　　)으
로 나오고 말았습니다. 그러나, (　　　　　)이 많
은 다른 짐승은 모든 (　　　　　)을 참고 견디어
서 아름다운 처녀로 변했습니다. 그 처녀는 이름을
웅녀라 했습니다. 환웅과 웅녀는 (　　　　　)하여
아들을 낳았는데 그 아들이 단군입니다.

1. 이 이야기의 교훈은 무엇이라고 생각합니까?

2. 여러분은 이 이야기가 마음에 들었습니까? 왜요? 안 들었습니까? 왜요?

3. 여러분이 이 이야기를 다시 쓴다면 어느 부분을 바꾸고 싶어요? 왜요?

4. 사람의 성격(personality)을 동물의 특성 (characteristics)과 비교해서 많이 이야기합니다. 이 이야기에 그려진 호랑이와 곰의 성격을 비교해 서 토론해 봅시다. 여러분은 누구와 더 가깝습니 까?

5. 열두띠(12 zodiac signs)에 대해 들어본 일이 있습니 까? 여러분 띠는 무엇입니까? 그 동물의 특성과 여러분의 성격은 비슷합니까?

1. 한국의 공휴일에 대해서 알아봅시다. 빈 칸을 채워 보세요.

날짜	공휴일 이름	특별한 행사	관련단어
1월 1일	설날	제사, 세배	명절
3월 1일			
4월 8일 (음력)			
5월 5일			
6월 6일			
8월 15일			
8월 15일 (음력)			
10월 3일			
12월 25일	성탄절	선물 주고 받기	

위에 나온 한국의 공휴일과 여러분 나라의 공휴일을 비교해 보세요.

한국에는 있는데 여러분 나라에는 없는 공휴일은 무엇입니까?

여러분 나라에는 있는데 한국에는 없는 공휴일은 무엇입니까?

여러분이 가장 좋아하는 공휴일을 하나 골라 하루를 어떻게 보낼지 구체적으로 계획을 세워 보세요.

2. 나라마다 건국신화(foundation myth)가 있습니다. 여러분 나라의 건국신화를 얘기해 보세요. 단군신화와 어떻게 다릅니까?

3. 본문의 내용을 가지고 역할극을 해 보세요.

4. 게임을 해 봅시다. (여우놀이)

전체: 여우야, 여우야, 뭐 하니?

술래: 잠 잔다.

전체: 잠꾸러기!! 여우야, 여우야, 뭐 하니?

술래: 세수한다.

전체: 멋쟁이!! 여우야, 여우야, 뭐 하니?

술래: 밥 먹는다.

전체: 무슨 밥?

술래: 쌀밥

전체: 무슨 반찬?

술래: 개구리 반찬

전체: 죽었니? 살았니?

술래: 죽었다.

전체: 죽었니? 살았니?

술래: 살았다.

IX. LEARNING ABOUT CULTURE
The Dangun Myth

The myth of Dangun explains the origin of the Korean nation in terms of an ultimate ancestor named Dangun, who is descended from the King of Heaven. Dangun, the symbolic national founder of Korea, is seen as a figure who combines the powerful forces of the sky and the earth: his mother Ung-Nyeo was transformed from a bear, a revered animal symbolizing the earth. Dangun is seen not only as a national progenitor, but also as the originator of the *mudang*, the shaman in Korean shamanism. He is a sacred figure for many indigenous Korean religions, and thus holds an even more deeply rooted role in Korean culture.

The story of Dangun became especially widespread during the thirteenth century, when Korea endured a great deal of suffering from the Mongolian invasion. Having a national myth that symbolically united the Korean nation and showed their ancestors' connection to the Kingdom of Heaven encouraged the Korean people to take pride in their identity and survive the hardships of this era.

(1) 인내는 쓰다. 그러나 그 열매는 달다 (인내)

Patience is bitter but its fruit is sweet.

(2) 참을 인(忍)자 셋이면 살인도 면한다

Patience is the best shield against affronts. (lit. with three 忍s, even murder can be avoided. Note: 忍 means patience/endurance.)

Message: Patience is a virtue.

X. ENGLISH TRANSLATION OF THE STORY

A long, long time ago, God's son Hwan-Ung came down to Earth bringing three thousand people from the heavens. Hwan-Ung began to establish and govern a country on Baekdu Mountain.

In the Baekdu Mountain area there lived many beasts, and one day a tiger and a bear came to see Hwan-Ung. They beseeched him, "Hwan-Ung, we want to become people. Please help us to become human." Hwan-Ung said, "If you really want to become human, I will grant your request. However, you must do as I say. Will you be able to do this?" The tiger and bear replied, "Of course. Please tell us what to do. We will do whatever is necessary." Hwan-Ung, giving them garlic and a mugwort herb, said, "Eat only this, and for one hundred days do not dare look at the sunlight. If you listen to me, your wishes will be granted." The tiger and bear thanked Hwan-Ung and went deep into the cave. They began to live in the cave, eating only garlic and mugwort herb.

But then, the naturally impatient tiger thought the dark cave was too stuffy. Because the mugwort herb and garlic were bitter and hot, he could not eat them. He became so hungry that he could not endure it after a few days, and he went outside. But the patient bear suffered through all the pain and became a beautiful maiden. The bear had turned into a human. This maiden took the name of Ung-Nyeo. Ung-Nyeo needed to get married, but no one would marry her. Therefore, Ung-Nyeo returned to Hwan-Ung and asked if he would allow her to bear children.

Feeling sorry for Ung-Nyeo, Hwan-Ung married her, and they had a son named Dangun. In 2333 B.C., Dangun established a country in Pyeongyang and ruled over it; this is the Old Joseon kingdom. They say that after Dangun ruled over the country for 1500 years, he returned to the mountain and became a mountain god. Dangun was the first king of Korea, and October 3rd is the day when people commemorate the birth of our nation. Koreans call it National Foundation Day. It means that it is the day that heaven opened, and it is a holiday in Korea.

할아버지의 감나무
THE OLD MAN'S PERSIMMON TREE

1. Core Vocabulary:

대감(님)	His (Your) Excellency
할아버지	old man, grandfather
감나무	persimmon tree
하인	servant
걱정거리	a matter of worry
꼬마	little child
장난	mischief
주먹	fist

2. Grammar:

~(으)니까	because
~(으)러 오다/가다	come/go in order to ~
~아/어 주다	do something for the benefit of others
~(으)ㄹ 테니(까)	because (speaker's assumed reason)

3. Expressions:

속을 끓이다	to get anxious, to get uneasy (lit. to boil inside)
표정이 밝지 않다	to look worried, have something on one's mind (lit. facial expressions are not bright)
알아서 하다	to take care of things, to handle
혼내주다	to give someone a hard time

| ~덕분에 | thank to ~ |
| 격정을 덜다 | to relieve worry |

---

1. 할아버지의 감나무에 무슨 일이 생겼을까요? 그림을 보고 추측해 보세요.

2. 대감님, 할아버지, 하인, 그리고 꼬마는 어떤 관계에 있을까요?

3. 옛날 한국사회에서는 뚜렷한 신분 차이 (class/ status difference)가 있었습니다.

   이 이야기에서 신분차이는 어떤 역할(role)을 하고 있을까요?

III. MAIN STORY
본문

옛날 어느 마을에 대감님이 사는 큰 집이 있었습니다. 그리고 그 옆에 아주 작은 초가집이 한 채 있었습니다. 이 초가집에는 할아버지가 꽃과 나무를 키우며 혼자 살고 있었습니다. 나무 중에는 감나무도 있었는데 이 감나무에는 해마다 가을이 되면 감이 주렁주렁 열렸습니다. 할아버지는 그 감을 팔아서 생활했습니다. 그런데 어느 가을, 이 할아버지의

감나무에 이상한 일이 벌어졌습니다. 감나무의 가지가 대감님 집 마당으로 뻗어나가기 시작했는데 할아버지의 마당에 있는 가지에는 감이 열리지 않고 대감님 집으로 뻗어나간 가지에만 감이 열렸습니다. 감이 열리자 대감님 집 하인들은 기다렸다는 듯이 익지도 않은 감까지 마구 따 갔습니다. 물론 할아버지에게 허락을 받지 않았습니다. 할아버지는 억울한 생각이 들었지만 아무 말도 하지 못하고 속만 끓였습니다. 대감님 집 하인들이 한 일이니까 겁이 났기 때문입니다.

그러던 어느 날, 마을의 개구쟁이 꼬마인 길동이가 놀러 왔습니다. 길동이는 할아버지의 표정이 밝지 않은 것을 보고 "할아버지, 무슨 걱정거리라도 생겼어요?" 하고 물었습니다. 할아버지는 "별 일 아니다." 라고 했지만 길동이가 자꾸 조르니까 할 수 없이 답답한 마음을 길동이에게 이야기했습니다. 할아버지 이야기를 들은 길동이는 "할아버지, 조금도 걱정하지 마시고 저한테 맡겨 주세요. 제가 알아서 할게요" 하고 말하고 집으로 돌아갔습니다.

그날 밤 늦게 길동이는 살금살금 대감님 집으로 숨어 들어갔습니다. 그리고 대감이 책을 읽고 있는 방문 앞으로 가서 문을 조금 연 후 문 안으로 주먹을 쑥 들이밀었습니다.

"거기 누구냐?" 대감이 놀라서 물었습니다.

"길동입니다." 길동이가 대답했습니다.

"이 늦은 밤에 도대체 무슨 장난을 하고 있는 거냐?" 대감이 화난 목소리로 다시 물었습니다.

"장난을 하는 게 아니고 좀 여쭤 볼 말씀이 있어서 왔습니다." 하고는

"대감님, 이 주먹이 누구 주먹입니까?" 하고 물었습니다.

"네 주먹이 아니냐? 그걸 몰라서 묻느냐?" 어리둥절해진 대감이 대답했습니다.

길동이가 물었습니다. "만일 어떤 사람이 이 손이 자기 손이라며 떼어가려고 하면 어떻게 해야 할까요? 그냥 아무 말없이 참고 있어야 합니까?"

"도대체 누가 그런 나쁜 짓을 한단 말이냐?"

"대감님 댁 하인들입니다."

길동이는 그 동안 일어난 일을 대감님께 자세히 다 말씀드렸습니다.

길동이의 이야기를 들은 대감은 "고맙다. 나는 전혀 모르고 있었구나. 내가 그 놈들을 혼내 줄테니 걱정하지 말고 집으로 가거라." 하고 말했습니다.

다음 날, 대감은 하인들을 불러서 잘못을 묻고 크게 꾸짖었습니다. 그리고 바로 할아버지한테 가서 대신 사과하고 그 동안 하인들이 따 간 감값도 다 계산해 주었습니다. 지혜로운 길동이 덕분에 할아버지는 큰 걱정을 덜게 되었습니다.

IV. WORDS AND EXPRESSIONS
단어와 표현

대감(님)	His (Your) Excellency
초가집	straw-thatched house
채	counter for house (e.g. one house: 집 한 채)

키우다	to raise (child or animal), grow (vegetables, trees)
감나무	persimmon tree
주렁주렁 열리다	(fruits) to grow in a cluster
생활하다	to make a living
가지	branch
뻗어나가다	to spread, stretch out
마당	yard
하인	servant
익다	to be ripe
막 따가다	to pick and go carelessly
허락	permission
억울하다	to feel mistreated, victimized, to suffer unfairness
속(만) 끓이다	to feel anxious, to get uneasy/restless (lit. to boil inside)
개구쟁이	a mischievous child
꼬마	little child
표정	facial expression
걱정거리	matter of concern, worry
조르다	to pester (someone) for
답답하다	to feel stuffy, frustrated
알아서 하다	to take care of things, to handle
살금살금	manner of moving quietly, stealthily
숨어 들어가다	to sneak in
주먹	fist
쑥 들이밀다	to push in, thrust in abruptly
장난	mischief

여쭈다	to ask (humble form)
어리둥절하다	to be perplexed, puzzled
떼어가다	to take away
자세히	in detail
혼내주다	to give (someone) a hard time
꾸짖다	to scold
계산하다	to calculate
지혜롭다	to be wise

V. COMPREHENSION
내용이해 확인

---

1. 할아버지 집은 어디에 있었습니까?

2. 할아버지 집은 어떤 집이었습니까?

3. 할아버지는 누구와 같이 살고 있었습니까?

4. 할아버지는 어떻게 생활했습니까?

5. 할아버지 집의 감나무는 어떤 문제가 있었습니까?

6. 할아버지는 왜 억울한 생각이 들었습니까?

7. 할아버지는 왜 길동이에게 감나무 이야기를 해 주었습니까?

8. 길동이는 왜 대감님 집에 숨어 들어갔습니까?

9. 길동이는 왜 대감님께 주먹을 들이밀었습니까?

10. 길동이한테서 그 동안의 일에 대해 들은. 대감님은 어떻게 했습니까? 세 가지 쓰세요.

VI. EXERCISES
연습

---

1. **밑줄 친 말과 뜻이 가장 비슷한 말을 고르세요.**

   Choose the closest words in meaning to the underlined words.

   ·····························

   1) 할아버지 집 나무 중에는 감나무도 있었는데 이 감나무에는 해마다 가을이 되면 감이 <u>주렁주렁</u> 열렸습니다.

   ㄱ. 조금   ㄴ. 적당히
   ㄷ. 하나씩   ㄹ. 많이

   2) 길동이는 할아버지의 <u>표정이</u> 밝지 않은 것을 보고 "할아버지, 무슨 걱정거리라도 있으세요?" 하고 물었습니다.

   ㄱ. 생각이   ㄴ. 얼굴모습이
   ㄷ. 눈치가   ㄹ. 마음이

   3) 길동이가 자꾸 <u>조르니까</u> 할아버지는 할 수 없이 답답한 마음을 길동이에게 이야기했습니다.

   ㄱ. 소리를 지르니까   ㄴ. 귀찮게 보채니까
   ㄷ. 물어보니까   ㄹ. 신경쓰게 하니까

4) "그건 네 주먹이 아니냐?" 대감은 <u>어리둥절해서</u>
   대답했습니다.
   ㄱ. 무슨 일인지 몰라서　　　ㄴ. 정신이 없어서
   ㄴ. 너무 놀라서　　　　　　ㄹ. 아주 이상해서

5) <u>지혜로운</u> 길동이 덕분에 할아버지는 큰 걱정을
   덜게 되었습니다.
   ㄱ. 똑똑한　　　　　　　　ㄴ. 장난스러운
   ㄷ. 현명한　　　　　　　　ㄹ. 겁없는

2. **보기에서 적당한 단어를 골라 빈 칸을 채우세요.**
   Fill in the blanks with the appropriate word from the examples.
   ....

   ＜보기:　　바로　　자세히　　혼자　　도대체＞

1) 이 초가집에는 할아버지가 꽃과 나무를 키우며
   _____ 살고 있었습니다.

2) 길동이가 주먹을 쑥 들이밀자 대감은 "이 밤중
   에_____ 무슨 장난이냐?" 하고 물었습니다.

3) 길동이는 그 동안 일어난 일을 대감님께
   _____ 말씀드렸습니다.

4) 대감은 하인들을 불러서 크게 꾸짖고
   _____ 할아버지에게 가서 대신 사과했습니
   다.

3. 설명을 읽고 맞는 단어를 본문에서 찾아 쓰세요.
Write the word from the main text that has the following definition.

....

ı) 무엇을 해도 좋다: _____

2) 장난을 즐기고 좋아하는 어린아이:

_____

3) 같은 집에서 살면서 주인을 돕는 사람:

_____

4) 잘못을 받아들여 용서를 비는 것:

_____

5) 가까이 사는 집 또는 사람: _____

6) 어린아이를 귀엽게 부르는 말:

_____

4. 관계있는 것끼리 연결한 후 문장을 만드세요.
Connect the related words and make sentences.

....

ı) 주렁주렁	ㄱ. 숨어 들어가다
2) 살금살금	ㄴ. 열리다
3) 감을	ㄷ. 쑥 내밀다
4) 주먹을	ㄹ. 막 따 가다
5) 어리둥절해서	ㅁ. 묻다/대답하다

_____

_____

_____

_____

_____

5. 나머지 셋과 가장 관계가 먼 것을 하나 고르고 셋의 공통점을 영어로 쓰세요.

Choose the word that is least related to the other three and write what the other three have in common in English.

ı) ㄱ. 억울하다　　ㄴ. 겁이 나다
　ㄷ. 속이 상하다　　ㄹ. 사과하다

_____

2) ㄱ. 맡기다　　ㄴ. 혼내다
　ㄷ. 꾸짖다　　ㄹ. 나무라다

_____

3) ㄱ. 대감　　ㄴ. 장난
　ㄷ. 하인　　ㄹ. 꼬마

_____

6. 보기와 같이 단어를 만들어 보세요.

Make words as in the example.

....

<보기: 걱정거리—걱정을 하게 만드는 일>

1) _____ [거리]: 저녁준비에 필요한 식품

2) _____ [거리]: 이야기의 주제가 될 수 있는 것

3) _____ [거리]: 다른 사람을 조롱하게 (비웃게) 하는 것

4) _____ [거리]: 보고 싶은 것, 볼 가치가 있는 것

5) _____ [거리]: 구경하고 싶은 것

7. 잘못 쓰인 것을 하나 고르세요.

Choose the incorrectly used expression.

....

(1) ㄱ. 겁이 나다   ㄴ. 겁을 내다
    ㄷ. 겁을 주다   ㄹ. 겁을 받다

(2) ㄱ. 속을 끓이다   ㄴ. 속이 상하다
    ㄷ. 속이 피곤하다   ㄹ. 속이 타다/썩다

(3) ㄱ. 걱정을 하다   ㄴ. 걱정을 주다
    ㄷ. 걱정을 시키다   ㄹ. 걱정이 되다

(4) ㄱ. 혼을 꾸짖다   ㄴ. 혼이 나다
    ㄷ. 혼을 내다   ㄹ. 혼내주다

1. 할아버지는 어떤 사람이라고 생각합니까? 대감님 집 하인들은 어떤 사람이라고 생각합니까? 길동이는 어떤 사람입니까? 대감님은 어떤 사람입니까? 이 이야기에 나오는 인물들(characters)의 성격(personality)을 간단하게 설명해 보세요. 여러분은 누가 제일 마음에 들었습니까? 왜요?

2. 이 이야기가 주는 교훈은 무엇이라고 생각합니까?

3. 여러분이 할아버지였다면 어떻게 했겠습니까? 어린 꼬마인 길동이에게 자기 문제를 얘기한 것에 대해서 어떻게 생각합니까?

4. 여러분이 대감님이었다면 어떻게 했겠습니까? 대감님의 행동에 대해 어떻게 생각합니까?

5. 길동이의 행동에 대해 여러분은 어떻게 생각합니까? 길동이는 어떤 아이입니까?

VIII. ACTIVITIES AND TASKS
관련활동과 과제

1. 이 이야기를 현대를 배경으로 다시 써 보세요.

2. 이 이야기를 읽은 감상문을 자유롭게 써 보세요.

3. 다음의 문장을 영어로 번역(translate into English) 하고 뜻을 생각해 보세요.
   "진정한 용기는 남의 잘못을 용서해 줄 수 있는 용기자신의 잘못을 스스로 인정할 수 있는 용기, 자신의 잘못을 지적하는 사람들을 받아들일 수 있는 용기 이다."

4. 이 이야기에서 길동이는 '해결사' (problem solver) 역할을 하고 있습니다. 어떤 사람이 해결사가 될 수 있을까요? 바람직한 해결사의 조건(condition)을 만들어 보세요. (예, 해결사는 겁이 없어야 해요)

5. 아래 감나무에 열린 감에 여러분이 이 단원에서 가장 중요하다고 생각하는 단어를 써서 채워 보세요.

IX. LEARNING ABOUT CULTURE
Yangban (Gentry Class or Nobility)

Yangban refers to the ruling classes of the Goryeo and Joseon Dynasties. Originally, the term included both the literati and the military nobility, but it gradually came to be used even for the families and relatives of the bureaucracy, due to the special importance placed on blood ties during the Joseon Dynasty. As a result, it became the general word for the ruling classes in the society during the two dynasties. Later on, anyone who qualified for service in the royal court received the position of *yangban* even if he had no close relative in the bureaucracy.

At a time when Korean society operated according to a strict social hierarchy, the *yangban* classes had many exclusive advantages, and sought to maintain their status by marrying only within their own social classes. They were exempt from government labor, or subject to lesser duties. As landowners, they received a portion of their tenants' crops, and could also own slaves. Criminals from the *yangban* classes were also treated less harshly than those from the lower classes.

While the privileged *yangban* status was hereditary, *yangban* were also cultural leaders; in order to maintain their respected position, they strove to maintain literary accomplishments, success in the *gwageo* civil service exam, and government careers. They also were committed to practicing Confucian doctrines, and followed strict rules concerning the duties as well as the privileges of *yangban*.

The aristocratic role of the *yangban* was not as well suited to modern democratic Korean society, and the *yangban* gradually disappeared as social class mobility increased. However, the *yangban*'s cultural leadership left its mark on Korean society, with many positive lasting effects.

(1) 대감 죽은 데는 안 가도 대감 말 죽은 데는 간다

One doesn't pay a visit when *daegam* passes away, but he/she pays a visit when *daegam*'s horse dies.

Message: Criticizing people who behave only for their own interest.

X. ENGLISH TRANSLATION OF THE STORY

A long time ago in a village, there was a large house where a lord (a government official) lived. And next to it was a very small thatched house. In this thatched house, an old man was living by himself, growing flowers and trees. Among the trees, there was a persimmon tree, and from the persimmon tree persimmons grew in a cluster every fall. The old man made his living by selling persimmons. But this persimmon tree's branches began to grow into the lord's courtyard. Strangely, the branches on the old man's side grew no persimmons, while the ones on the lord's side grew persimmons. Once they grew, the lord's servants picked them carelessly even before they were ripe. Of course, they didn't receive permission from the old man. The old man thought this was unfair, but he could say nothing, and only was distressed. This was because this was the work of the lord's house servants and he was scared.

One day, a mischievous child named Gil-Dong came to see the old man. Gil-Dong saw the old man's gloomy expression and asked, "Sir, what worry concerns you?" The old man replied, "It's nothing," but because Gil-Dong pestered the old man for an answer, the old man told Gil-Dong about his troubles. Gil-Dong, after having listened to the old man, said, "Sir, don't worry. Leave it to me. I'll take care of it," and went back home.

That night, Gil-Dong snuck into the lord's home. And just outside the room where the lord was reading, Gil-Dong opened the door slightly and stuck his fist inside.

"Who is there?" asked the lord, surprised.

"This is Gil-Dong," Gil-Dong replied.

"What tricks are you playing this late at night?" the lord asked.

"This is not a trick; I came to ask you a question." Then, "Lord, whose fist is this?" he asked.

"Is that not your fist?" The lord replied, perplexed.

Gil-Dong asked, "If someone said that was his fist and tried to take it, what would you do? Would you have to bear with it?"

"What kind of person would do that?"

"Your servants."

Gil-Dong told the lord the story of what had transpired in detail.

After the lord listened to the story, he said, "I understand. I shall punish them."

The next day, the lord called his servants and loudly chided them. And at once, he went to the old man and apologized on behalf of his servants. Moreover, he repaid the persimmons lost during that time. Indebted to the wise Gil-Dong, the old man's worry was relieved.

돌장승과 원님의 재판

THE TOTEM POLE AND THE MAGISTRATE'S TRIAL

I. UNIT FOCUS
단원의 핵심

1. Core Vocabulary:

재판	trial
비단장수	silk merchant
돌장승	stone totem pole
봇짐	backpack (used in olden days)
원님	village magistrate, head of the village (in olden days)
매를 치다	to whip
지혜	wisdom

2. Grammar:

__다가	from one movement/state to another (interrupted action)
~던	used to (retrospective)
~(으)ㄴ/는 지 묻다	ask if
아무리 ~ 아/어도	no matter how
~게 하다	make someone do something (causative)

3. Expressions:

깜박 잠이 들다	to fall asleep suddenly
기가 막히다	to be dumbfounded
꿀먹은 벙어리	a mute person (as if he/she ate honey)
끄덕도 안 하다	to not even budge

배를 잡고 웃다	to laugh hard (lit. to laugh holding one's tummy)
고개를 끄덕이다	to agree (lit. to nod one's head)

---

1. 돌장승을 보거나 돌장승에 대해 들어본 일이 있습니까? 들어 보았으면 어디서 들어 보았습니까?

2. 원님은 누구를, 왜 재판했을까요? 비단장수는 이 재판과 어떤 관계가 있을까요?

3. 돌장승은 이 재판과 어떤 관계가 있을까요?

III. MAIN STORY
본문

옛날 어느 작은 마을에 비단장수가 살았습니다. 이 장수는 날마다 이 마을 저 마을로 비단을 팔러 다녔습니다. 하루는 날씨도 너무 덥고 발도 너무 아파서 쉬어 갈 곳을 찾고 있었습니다. 그런데 마침 시원한 그늘 밑에 돌장승이 서 있는 것이 보였습니다. 이 비단장수는 "잘 됐다." 하고는 그늘 밑에 앉았습니다. 그런데 너무 피곤해서 깜박 잠이 들고 말았습니다.

얼마나 지났을까? 자다가 눈을 떠보니 옆구리에 끼고 자던 비단봇짐이 없어졌습니다. 깜짝 놀라서 주위를 둘러보았지만 봇짐은 보이지 않았습니다. 비단 장수는 기가 막혀서 엉엉 울었습니다. 그때 마침 지나가던 사람이 울고 있는 비단장수를 보고 왜 우는지 물었습니다. 비단장수는 그 사람에게 억울한 사정을 이야기했고, 그 사람은 비단장수를 원님께 데려갔습니다.

원님은 비단장수에게 물었습니다.

"주위에 돌장승밖에 없었는데 봇짐이 없어졌다고?"

"네, 그렇습니다." 비단장수가 힘없이 대답했습니다.

"그렇다면 돌장승이 네 봇짐을 훔쳐간 게 틀림없다. 여봐라, 돌장승을 당장 잡아오너라!" 원님은 큰 소리로 명령했습니다.

곧 돌장승이 잡혀왔습니다.

이 소문을 듣고 마을사람들이 구경하러 몰려들었습니다.

"돌장승님, 돌장승님, 누가 비단 봇짐을 가져갔습니까?" 원님이 물었습니다.

그러나 돌장승은 꿀먹은 벙어리처럼 아무 대답이 없었습니다.

원님이 몇번을 다시 물어도 돌장승은 여전히 대답을 하지 않았습니다.

"돌장승님, 돌장승님, 그럼 할 수 없이 돌장승님을 치겠습니다." 하고 말한 원님은 돌장승을 따악, 따악, 따악 매로 쳤습니다.

아무리 쳐도 돌장승은 끄덕도 안 했습니다. 대신 돌장승이 맞을 때마다 매가 뚝뚝 하고 부러졌습니다.

이를 보고 있던 구경꾼 중의 하나가 웃기 시작하자 모두 한꺼번에 배를 잡고 웃기 시작했습니다.

"원님의 재판에 감히 누가 웃느냐?" 원님은 큰 소리로 구경꾼들을 꾸짖었습니다.

그리고 벌로 비단 한 필씩을 바치라고 명령했습니다. 다음 날 원님 앞에는 비단이 가득 쌓였습니다. "이 중에서 네 비단을 찾아 보아라." 원님이 봇짐을 잃은 비단장수에게 명령하자 비단장수는 자기의 비단을 골라냈습니다. 원님은 비단장수가 찾아낸 비단을 누가 바쳤는지 알아보라고 다시 명령했습니다. "그 비단을 바친 사람은 비단을 아랫마을에 사는 비단장수한테서 샀다고 합니다." 신하가 대답했습니다. "그렇다면 그 비단을 판 장수가 도둑이다. 그 놈을 잡아 오너라"

원님은 이렇게 도둑을 잡았습니다.

이를 본 마을 사람들은 모두 원님의 지혜에 고개를 끄덕였습니다.

IV. WORDS AND EXPRESSIONS
단어와 표현

비단장수	silk merchant
마을	village
마침	right at that moment
그늘	shade
돌장승	stone totem pole (used as a milepost in ancient times)

깜박	completely (forgot), in a flash/blink
옆구리	side (of the body)
봇짐	backpack (archaic word)
기가 막히다	to be dumbfounded
사정	situation, circumstance
원님	village magistrate, head of the village (in olden days)
힘없이	feebly, droopingly
훔치다	to steal
틀림없다	to be certain
당장	immediately
명령하다	to command, order
소문	rumor
몰려들다	to flock
꿀먹은 벙어리	a mute person (as if he/she ate honey)
매	whip
끄덕도 안 하다	to not even budge
구경꾼	onlooker
배를 잡고 웃다	to laugh hard (lit. to laugh holding one's tummy)
재판	trial
감히	how dare
벌	punishment
필	a measurement counter used for fabric (in olden days)
바치다	to offer (to a superior), dedicate, devote

골라내다	to pick out
알아보다	to find out
도둑	thief
지혜 (지혜롭다)	wisdom (to be wise)
고개를 끄덕이다	to agree (lit. to nod one's head)

V. COMPREHENSION
내용이해 확인

1. 비단장수는 어디서 비단을 팔았습니까?

2. 비단장수는 어디서 잠이 들었습니까?

3. 비단장수가 잠을 자는 동안에 무슨 일이 생겼습니까?

4. 누가 비단장수를 원님께 데려갔습니까?

5. 원님은 왜 돌장승에게 매를 쳤습니까?

6. 마을사람들은 왜 몰려 들었습니까?

7. 구경꾼들은 왜 배를 잡고 웃었습니까?

8. 왜 원님은 구경꾼들에게 벌을 내렸습니까?

9. 원님이 구경꾼들에게 내린 벌은 무엇이었습니까?

10. 원님은 어떻게 도둑을 찾아냈습니까?

11. 마을사람들은 원님을 어떻게 생각합니까?

1. 밑줄 친 말과 뜻이 가장 비슷한 말을 고르세요.

   Choose the closest words or expressions in meaning to the
   underlined words or expressions.

   ....

   1) 이 장수는 날마다 <u>이 마을 저 마을로</u> 비단을 팔
      러 다녔습니다.
      ㄱ. 여기저기로   ㄴ. 가까운 곳으로
      ㄷ. 필요한 곳으로   ㄹ. 가고 싶은 곳으로

   2) "네, 그렇습니다." 비단장수가 <u>힘없이</u> 대답했습
      니다.
      ㄱ. 기분 나쁘게   ㄴ. 슬퍼서
      ㄷ. 작은 소리로   ㄹ. 피곤해서

   3) 이 소문을 듣고 마을사람들이 구경하러 <u>몰려들
      었습니다.</u>
      ㄱ. 여럿이 한꺼번에   ㄴ. 빨리 달려왔습니
         왔습니다   다
      ㄷ. 한사람씩   ㄹ. 천천히 모였습니
         찾아왔습니다   다

   4) "돌장승님, 돌장승님, 그럼 <u>할 수 없이</u> 돌장승님
      을 치겠습니다." 하고 원님이 말했습니다.
      ㄱ. 그냥   ㄴ. 어쩔 수 없이
      ㄷ. 마음대로   ㄹ. 지금부터

5) 구경꾼 중의 하나가 웃기 시작하자 모두 <u>한꺼번</u><u>에</u> 배를 잡고 웃기 시작했습니다.
ㄱ. 한번만   ㄴ. 차례차례
ㄷ. 천천히   ㄹ. 같이

2. 보기에서 적당한 단어를 골라 빈 칸을 채우세요.
Fill in the blanks with the appropriate word from the examples.

<보기: 뚝 뚝, 수북히, 따악 따악, 깜박, 엉엉>

1) 너무 피곤해서 ＿＿＿＿＿＿ 잠이 들었습니다.

2) 원님은 돌장승을 매로＿＿＿＿＿＿쳤습니다.

3) 돌장승이 맞을 때마다 매가＿＿＿＿＿＿하고 부러졌습니다.

4) 원님 앞에 비단이＿＿＿＿＿＿ 쌓였습니다.

5) 비단장수는 기가 막혀서＿＿＿＿＿＿ 울었습니다.

3. 설명을 읽고 맞는 단어를 본문에서 찾아 쓰세요.
Write the word from the main text that has the following definition.

1) 잘못했을 때 받는 것, 상의 반대말:
＿＿＿＿＿＿

2) 남의 물건을 훔치는 사람: ＿＿＿＿＿＿

3) 나무 밑이나 큰 건물 옆에 생기는데 여름에 앉으면 시원한 곳: _____

4) 사람들 사이에 떠도는 말이나 소식:

   _____

5) 물건을 파는 사람: _____

6) 말을 못하는 사람: _____

7) 법(law)에 따라 옳고 그름을 가려 판단하는 것:

   _____

4. 주어진 표현과 뜻이 맞는 것끼리 연결하세요.
Connect the following expressions and their corresponding meanings.

1) 기가 막히다   ㄱ. 너무 재미있다

2) 끄덕도 안 하다   ㄴ. 그렇게 생각하다

3) 배를 잡고 웃다   ㄷ. 전혀 움직이지 않다

4) 고개를 끄덕이다   ㄹ. 이해가 안 되다

5. 아래 단어의 비슷한 말을 본문에서 찾아 쓰세요.
Write the synonyms of the following words from the main text.

1) 동네: _____

2) 도둑질하다: _____

3) 현명하다: _____

4) 나무라다: _____

5) 분명하다: _____

6. 나는 누구일까요? 보기와 같이 단어를 만들어 보세요.

Who am I? Make words as in the example.

<보기: 구경하는 사람—구경꾼>

1) 노름을 좋아하는 사람: _____꾼 (gambler)

2) 사기를 많이 치는 사람: _____꾼 (con artist)

3) 사냥을 하는 사람: _____꾼 (hunter)

4) 술을 많이 마시는 사람: _____꾼 (drinker)

5) 농사를 짓는 사람: _____꾼 (farmer)

6) 돈을 받고 남의 일을 해 주는 사람: _____꾼 (worker)

7. 아래의 단어가 잘못 쓰인 문장을 고르세요.

Choose the sentences in which the following words are incorrectly used.

....

1) 감히
   ㄱ. 감히 나에게 그런 말을 할 수 없어.
   ㄴ. 원님의 재판에 감히 웃는 사람이 누구냐?
   ㄷ. 선생님이 감히 학생들을 혼낼 수 없다.

2) 여전히
   ㄱ. 밖에는 지금도 여전히 많은 비가 내리고
       있다.
   ㄴ. 여전히 그 사람을 사랑하지 않는다.
   ㄷ. 몇번을 물었지만 여전히 대답을 했다.

3) 한꺼번에
   ㄱ. 모든 사람들이 한꺼번에 배를 잡고 웃었다.
   ㄴ. 한꺼번에 대답하지 말고 한 사람씩 얘기하
       세요.
   ㄷ. 주말에 여자친구를 한꺼번에 만나서 행복
       했다.

4) 당장
   ㄱ. 당장 겨울이 되어서 날씨가 추워졌습니다.
   ㄴ. 신하는 그 비단장수를 당장 잡아왔습니다.
   ㄷ. 당장 친구를 보고 싶지만 보러 갈 시간이
       없어요.

5) 깜박

ㄱ. 안 자려고 했는데 너무 피곤해서 깜박 잠이 들었어요.

ㄴ. 너무 바빠서 깜박 약속을 잊어 버렸어요.

ㄷ. 깜박 눈을 뜨니까 벌써 12시였어요.

8. 잘못 쓰인 것을 하나 고르세요.

Choose the incorrectly used word or expression.

....

1. ㄱ. 비단 한 필   ㄴ. 봇짐 한 개
   ㄷ. 구두 한 개   ㄹ. 가방 한 개

2. ㄱ. 소문을 듣다   ㄴ. 소문이 나다
   ㄷ. 소문이 빠르다   ㄹ. 소문을 만들다

3. ㄱ. 아이를 데려오다   ㄴ. 할머니를 모셔가다
   ㄷ. 비단을 가져오다   ㄹ. 선생님을 데려가다

9. 나머지 셋과 가장 관계가 먼 것을 하나 고르고 셋의 공통점을 영어로 쓰세요.

Choose the word that is least related to the other three and write what the other three have in common.

....

1. ㄱ. 원님   ㄴ. 도둑
   ㄷ. 구경꾼   ㄹ. 소문

2. ㄱ. 봇짐   ㄴ. 마을
   ㄷ. 비단   ㄹ. 장승

---

3. ㄱ. 매   ㄴ. 옆구리
   ㄷ. 배   ㄹ. 고개

---

10. 나는 누구예요?

Who am I? Look at the picture and write the correct word.

<보기: 벙어리 귀머거리 장님/봉사>

_____   _____   _____

VII. QUESTIONS FOR DISCUSSION AND COMPOSITION
토론과 작문질문

1. 이 이야기의 주제는 무엇입니까? 여러분은 이 이야기를 읽고 무엇을 배웠습니까?

2. 원님은 어떤 사람이라고 생각합니까? 왜 그렇게 생각합니까?

3. 이 이야기의 유머스러운 면은 어떤 면이라고 생각합니까?

4. 여러분이 원님이었다면 어떻게 비단장수를 도와주었을 것 같아요?

5. 이 이야기에 그려진 원님의 역할에 대해 토론해 보세요. 요즘의 시장 (mayor)과 어떻게 다릅니까?

6. 원님이 신하나 구경꾼, 또는 비단장수하고 이야기할 때는 반말을 쓰고 있지만 돌장승한테는 존댓말을 쓰고 있습니다. 왜 그럴까요? 영어로 대답해도 괜찮습니다.

VIII. ACTIVITIES AND TASKS
관련활동과 과제

---

1. 어떤 사람이 좋은 지도자 (leader)가 될 수 있습니까? 좋은 지도자가 되기 위해서 필요한 자질 (qualifications)은 무엇이라고 생각합니까? 여러분이 존경하는 지도자를 한 명 골라서 예를 들어 설명해 보세요.

2. 벌(punishment)과 상(award)에 대해 생각해 보세요. 왜 벌과 상이 필요합니까?

3. 이 이야기를 현대를 배경으로 다시 써 보세요.

4. 다음을 읽고 이야기를 순서대로 맞춰 보세요.

( ) 지나가던 사람이 비단장수를 원님께 데려 갔어요.

( ) 비단장수가 돌장승 옆의 그늘 밑에서 잠 이 들었어요.

( ) 원님은 돌장승을 잡아다가 매를 쳤어요.

( ) 비단장수는 지나가던 사람에게 억울한 사 정을 얘기했어요.

( ) 원님은 구경꾼들이 비단을 가지고 도둑을 찾아냈어요.

( ) 비단장수가 잠에서 깨어보니 비단 봇짐이 없어졌어요.

( ) 원님은 웃은 구경꾼들에게 벌로 비단 한 필씩을 바치라고 명령했어요.

( ) 구경꾼들이 돌장승이 매 맞는 것을 보고 배를 잡고 웃었어요.

5. 간단한 재판을 해 봅시다.

나오는 인물: 판사, 검사, 변호사, 원고, 피고

장소: 법정

재판 이유:

IX. LEARNING ABOUT CULTURE
Totem Poles *Jangseung*

Nobody knows the exact origins of Korean totem poles, *jangseung*, but scholars think that they may have evolved from phallic traditions or from spirit posts and standing stones. Beginning in approximately the eighth century, "male" and "female" paired totem poles marked the entrances to villages all over the country. The wooden or stone totem poles served three functions: to mark the boundaries between one village and the next, to serve as mileposts, and to guard the village against evil spirits. Considered on the same level as the guardian deity of a village, rites were held for the totem poles with offerings of food and drink that were shared by the villagers when the ceremony was over.

There were many regional variations in totem pole design, but they tended to share a grotesque or humorous form, with bulging-eyed figures and rough construction. The male totem poles were inscribed with the phrase "Great General Under Heaven," *Cheonhadaejangjun*, and the female totem poles with "Female General Under the Ground," *Jihayeojanggun*.

RELATED PROVERBS
관련 속담

---

(1) 원님 덕에 나팔 분다

Thanks to the village headman, one blows a trumpet.

Message: One is treated far more favorably than he/she deserves, thanks to someone else or at another's expense.

In an ancient village, there lived a silk merchant. This merchant went from this village to that in order to sell silk. One day, because the weather was so hot and his feet were in such great pain, he looked for a place to rest. Fortunately, he saw a stone statue in the cool shade. The merchant said, "What luck!" and sat down in the shade. But because he was so tired, he went straight to sleep.

How much time had passed? Upon opening his eyes, he found that the bundle of silk that he kept at his waist had disappeared. Despite searching his surroundings, he could not see the bundle. In shock, the merchant started to cry. Right at that moment, a passerby saw the merchant crying and asked why he was crying. The merchant told the person of his unfortunate situation, and the person took him to the village headman. The village headman spoke to the silk merchant.

"You mean to say you lost your bundle around the stone statue?"

"Yes, that's right," said the merchant feebly.

"Then the stone statue obviously must have stolen it. Listen! Bring the stone statue right away!" ordered the headman loudly.

The stone statue was retrieved.

Hearing about this rumor, village people flocked to watch.

"Stone statue, stone statue, who stole the bundle of silk?" asked the headman.

However, the stone statue remained silent like a mute person whose lips were sealed.

The headman asked him many times, but the statue still did not reply.

"Stone statue, stone statue, then I can't help but strike you." The headman then whipped the stone statue.

However hard he hit it, the statue didn't even move. Instead, every time the stone statue was hit, a piece of the stick broke off. Seeing this, an observer began to laugh, and others followed, laughing really hard.

"Who dares laugh at the headman?" said the headman in a loud voice to the laughing crowd.

Then as punishment, he ordered each person to bring him a *pil* of silk. The next day, there was a pile of silk laid in front of the headman. "From this, find your silk," ordered the headman to the silk merchant, and the merchant chose his silk. The headman then had his subject find the person who offered that roll of silk to him. "The person who offered that silk said that he bought it from a merchant who lived in the lower village," replied a subject. "Then that person to whom the silk was sold is the thief." The headman thereby caught the thief.

Seeing this, the people of the village nodded their heads to the wisdom of the headman.

복습 1

1과부터 6과까지

1. 다음의 영어에 맞는 한국말을 보기에서 골라 쓰세요.

보기: 용서,   인내,   용기,   순종,   겸손,   근면/성실

슬기/지혜/현명함,   후회,   뉘우침,   오만

1) courage:

2) wisdom:

3) regret:

4) modesty, humility:

5) patience:

6) forgiveness:

7) industriousness, hard work:

8) obedience:

9) arrogance:

10) repentance:

2. 왼쪽 칼럼에 있는 이야기 제목과 그 이야기가 주는 교훈을 맞게 연결하세요.

1) 청개구리의 눈물   ㄱ. 인내

2) 토끼와 거북이   ㄴ. 겸손, 근면/성실

3) 해님 달님　　　　　ㄷ. 슬기/지혜

4) 단군신화　　　　　ㄹ. 순종, 후회, 뉘우침

5) 할아버지의 감나무　ㅁ. 현명함, 유머

6) 원님의 재판　　　　ㅂ. 용서, 용기

3. 다음 동물들과 관계있는 것을 보기에서 찾아 쓰세요.

보기: 느리다, 귀가 크다, 성실하다, 잘 참는다, 뛰어 다닌다, 성질이 급하다, 빠르다, 녹색이다, 집에도 있고 산에도 있다, 기어 다닌다, 물가에 산다, 굉장히 크다, 사납다

1) 청개구리:　　　　녹색이다,

2) 토끼: 빠르다,

3) 거북이:

4) 호랑이:

5) 곰:

4. 나머지 단어들과 가장 거리가 먼 것을 하나 고르세요.

1) ㄱ. 형제   ㄴ. 고아
   ㄷ. 남매   ㄹ. 꼬마
   ㅁ. 사정

2) ㄱ. 느림보   ㄴ. 고통
   ㄷ. 벙어리   ㄹ. 장수
   ㅁ. 개구쟁이

3) ㄱ. 헐레벌떡   ㄴ. 살금살금
   ㄷ. 주렁주렁   ㄹ. 어리둥절

4) ㄱ. 골라내다   ㄴ. 알아보다
   ㄷ. 몰려들다   ㄹ. 답답하다

5) ㄱ. 옆구리   ㄴ. 산꼭대기
   ㄷ. 문구멍   ㄹ. 떡바구니

5. 주어진 표현과 뜻이 맞는 것끼리 연결하세요. 그런 다음, 아래 대화의 빈 칸에 맞는 표현을 찾아 쓰세요.

1) 식은 죽 먹기   ㄱ. 전혀 움직이지 않다

2) 두 손 모아 기도하다 ㄴ. 아주 쉬운 일

3) 기가 막히다   ㄷ. 그렇게 생각하다

4) 끄덕도 안 하다   ㄹ. 아주 간절히 바라다

5) 고개를 끄덕이다   ㅁ. 이해가 안 된다

1) 영수: 정민씨, 요즘 어떻게 지내세요?

정민: 잘 지내요. 그런데 저 요즘 자전거 배우고 있어요.

정민: 그래요? 자전거 탈 줄 몰랐어요?

영수: 네, 어릴 때 못 배웠어요. 그런데 정민씨는 탈 줄 아세요?

정민: 물론이죠. 자전거 타는 건
_____.

영수: 그렇군요.

2) 혜진: 지현씨, 이번에 장학금 신청했어요?

지현: 받을 수 있을지 모르겠어요. 혜진씨는요?

혜진: 저도 신청했어요. 우리 둘 다 받았으면 좋겠어요.

지현: 그럼, 우리 같이
_____.

3) 여자: 저 죄송하지만 그 가방 이쪽으로 좀 옮겨 주세요.

남자: 네, 잠깐만요. (try to move the bag) 그런데, 이 가방이 너무 무거워서_____.
와서 좀 도와 주세요. 혼자서는 못 하겠네요.

4) 승우: 정준씨, 화가 많이 난 것 같은데 왜 그래요? 무슨 일이 있었어요?

정준: 참_____서 말이
안 나와요.

승우: 무슨 일인데 그래요?

정준: 제가 회사 비밀을 다 알려 줬다는 거예요.

승우: 아마 잘못 알았을 거예요. 너무 속상해 하
지 마세요. 곧 정준씨 잘못이 아니란 걸 알
게 될 거예요.

정준: 그랬으면 좋겠어요. 아무튼 고마워요.

5) 준하: 경희씨 얘기 부모님께 말씀 드렸어요?

형기: 네, 드렸어요.

준하: 부모님께서 뭐라고 그러세요?

형기: 글쎄요, 아무 말씀도 안 하시고_____
_____이셨어요.

준하: 그럼, 결혼을 허락하신 거죠?

형기: 그런 것 같아요.

준하: 와, 잘 됐네요. 축하해요.

6. 두 단어의 관계가 다른 것을 하나 고르세요.

1) ㄱ. 혼내다-꾸짖다   ㄴ. 겁이 나다-무섭다
   ㄷ. 참다-견디다   ㄹ. 자세히-대강
   ㅁ. 빌다-기도하다

2) ㄱ. 기억하다-잊어버리다 ㄴ. 태어나다-세상을
                                       떠나다
   ㄷ. 뻐기다-잘난 척 하다 ㄹ. 도착하다-출발하다
   ㅁ. 당장-나중에

3) ㄱ. 살다-살리다   ㄴ. 죽다-죽이다
   ㄷ. 이루다-이루어지다 ㄹ. 알다-알리다
   ㅁ. 서다-세우다

4) ㄱ. 장수-팔다   ㄴ. 도둑-훔치다
   ㄷ. 원님-다스리다   ㄹ. 구경꾼-보다
   ㅁ. 하인-명령하다

7. 잘못 쓰인 것을 하나 고르세요.

1) ㄱ. 구경꾼   ㄴ. 짐꾼   ㄷ. 일꾼
   ㄹ. 노름꾼   ㅁ. 도둑꾼   ㅂ. 사기꾼

2) ㄱ. 개구쟁이   ㄴ. 걱정쟁이   ㄷ. 점쟁이
   ㄹ. 중매쟁이   ㅁ. 거짓말쟁이 ㅂ. 월급쟁이

3) ㄱ. 욕심보   ㄴ. 느림보   ㄷ. 뚱보
   ㄹ. 먹보   ㅁ. 울보   ㅂ. 짬보

8. 적당한 말로 빈 칸을 채우세요 지금까지 읽은 이
   야기를 기억하면서.

1) _____ 벙어리 (말을 하지 않는 사람)

2) _____ 먹기 (아주 쉬운 일)

3) _____ 웃기(아주 많이/크게 웃는 것)

9. 아래 각 문장에 주어진 설명을 읽고 맞는 단어를 찾으세요.

그런 다음 각 단어의 첫자를 모아서 새로운 단어를 만들어 _____ 에 쓰세요.

<보기>

ㄱ. 금요일과 일요일 사이에 있는 날이에요 : <u>토</u>요일 (토)

ㄴ. 사람들은 하루에 세 번 밥을 먹어요. 이것을 _____라고 불러요. : <u>끼</u>니 (끼) :

토끼 (정답)

1) ㄱ. 나보다 어린 사람이에요. '선배'의 반대말이에요.
   ㄴ. company의 한국말이에요.
   ㄷ. _____, 둘, 셋, 넷, 다섯……
   ㄹ. 한국사람들이 여기서 차도 마시고 친구도 만나요. : _____

2) ㄱ. 겪어 본 일이에요. 이것이 '있다, 없다, 많다'라고 해요.
   ㄴ. 버스, 지하철, 택시 같이 타는 것 중의 하나예요. '추추' 소리를 내지요?

3) ㄱ. 동쪽, 서쪽, _____쪽, 북쪽
   ㄴ: '날마다'의 다른 말이에요. :

   _____

4) ㄱ. 우리가 신고 다니는 구두, 운동화, 샌달은 다
      이거예요.
   ㄴ. 월요일과 수요일 사이에 있는 날이에요.

   _____

5) ㄱ. 한국에서 아기의 첫 번째 생일을 이렇게 불러
      요.
   ㄴ. 음식을 사러 가는 것을 '_____
      보러 간다'고 해요.
   ㄷ. 엘리베이터의 한국말이에요. :

   _____

6) ㄱ. '고맙다'와 비슷한 말이에요.
   ㄴ. '좋다'의 반대말이에요.
   ㄷ. '가볍다'의 반대말이에요. :

   _____

7) ㄱ. 중학교 다음에 가요
   ㄴ. '많이'의 반대말이에요.
   ㄷ. 생일, 졸업, 결혼, 크리스마스 때 이것을 받아
      요.

   _____

8) ㄱ. 구름이 많이 끼면_____가 와요.
  ㄴ. vocabulary의 한국말이에요.
  ㄷ. 겨울에 추울 때 손에 끼는 거예요.
  ㄹ. 손이나 얼굴을 씻은 후 이것으로 말려요:

  _____

9) ㄱ. 집을 깨끗하게 치우는 거예요.
  ㄴ. 한국의 생일날, National Foundation Day예요.
  ㄷ. 드레스를 입고 신는 신발이에요.
  ㄹ. ribbon을 한글로 쓰세요.

  _____

10) ㄱ. _____에 걸렸어요. 머리도 아프고 콧물도 나
   고 기침도 나요.
   ㄴ. '이따가'의 비슷한 말이에요.
   ㄷ. 한국의 국화(national flower)예요.

  _____

10. 보기에서 적당한 말을 골라 빈칸을 채우세요.

   <보기: 울다 열리다 숨어 들어가다 쫓아오다>

   1) 주렁주렁 _____

   2) 살금살금 _____

   3) 헐레벌떡 _____

   4) 엉엉 _____

11. 본문의 내용에 따라 밑줄 친 부분에 적당하지 않은 것을 고르세요.

1) 청개구리 형제는 엄마가 살아 계실 때는 엄마 말씀을 듣지 않았지만 엄마가 돌아가신 후에는 _____.

ㄱ. 그걸 후회했어요.
ㄴ. 엄마가 시킨대로 했어요.
ㄷ. 엄마를 걱정하며 울었어요.
ㄹ. 엄마를 더 사랑하게 되었어요.

2) 토끼와 거북이의 경주에서 _____.

ㄱ. 토끼는 잘난 척 했기 때문에 졌어요.
ㄴ. 거북이는 겸손하고 성실했기 때문에 이겼어요.
ㄷ. 토끼는 경주에 자신이 없었지만 거북이 때문에 경주를 했어요.
ㄹ. 거북이는 토끼가 뻐기는 게 싫어서 경주를 제안했어요.

3) 단군신화에서 호랑이는 _____ 동굴에서 나왔어요.

ㄱ. 너무 배가 고파서
ㄴ. 동굴이 너무 답답해서
ㄷ. 곰하고 같이 지내는 게 싫어서
ㄹ. 동굴이 너무 어둡고 햇빛이 없어서

4) 할아버지 옆집의 대감님은 길동이의 말을 듣고

_____.

ㄱ. 자기 하인들을 혼냈어요.

ㄴ. 길동이를 혼냈어요.

ㄷ. 할아버지의 감값을 계산해 주었어요.

ㄹ. 할아버지께 사과했어요.

5) 원님이 돌장승을 때린 이유는_____.

ㄱ. 돌장승이 비단을 훔쳐 갔기 때문이에요.

ㄴ. 구경꾼들을 웃게 만들고 싶었기 때문이에요.

ㄷ. 진짜 비단 도둑을 잡기 위해서였어요.

ㄹ. 돌장승은 도둑이 아니란 걸 알았기 때문이에요.

12. 퍼즐을 풀어보세요.

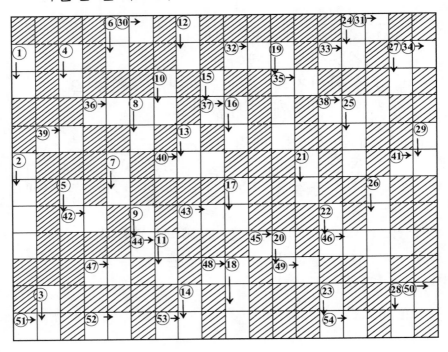

DOWN	ACROSS
1. the situation, the state (of things)	28. merchant, vendor
2. matter of worry/concern	29. world
3. garlic	30. objection, opposition
4. wish	31. thief
5. brother and sister	32. turtle, tortoise
6. self-examination, reflection	33. hare, rabbit
7. wisdom	34. wealth, asset
8. sky, heaven	35. to laugh
9. underground	36. to make up one's mind
10. to endure	37. heavy eater, food lover
11. human being	38. public holiday
12. permission	39. birth
13. courage	40. sesame oil
14. ant	41. impression
15. fist	42. every year
16. example	43. tiger
17. paper	44. servant
18. door hole	45. the best, most
19. neighboring village	46. to feel stuffy
20. pain, suffering	47. regret
21. cave	48. rumor
22. answer	49. phone conversation
23. prayer	50. glove
24. ax	51. shade
25. lounge, resting place	52. son
26. to feel unfairly treated	53. temper
27. trial (in court)	54. seal, stamp

나그네와 거위

THE WAYFARER AND THE GOOSE

I. UNIT FOCUS
단원의 핵심

1. **Core Vocabulary:**

   주막   tavern, inn (in olden days)

   나그네   stranger, wayfarer

   주인   owner

   헛간   shed, barn

   거위   goose

   관가   district government office authority

   똥   poop, droppings

2. **Grammar:**

   ___것 같다/같지 않다   looks/doesn't look like

   ___더니   looking back (retrospective)

   ___(으)ㄴ/는 게 틀림없다   it is certain that....

3. **Expressions:**

   아래위로 훑어보다   to examine up and down

   생각에 잠기다   to be lost in contemplation

   어이가 없다   to be dumbfounded, absurd

   잘못을 깨닫다   to realize one's fault, wrongdoing

1. 나그네는 뭐 하는 사람입니까?

2. 거위하면 무슨 생각이 들어요?

3. 이 이야기에서 나그네와 거위는 어떤 관계에 있을까요?

   왜 나그네와 거위가 주인공(main character)으로 나올까요?

III. MAIN STORY
본문

아주 오래 전의 일입니다. 어느 주막에 한 나그네가 찾아와서 빈 방이 있는지 물었습니다. 주인은 나그네를 아래 위로 훑어보고 나서 "빈 방이 없는데 다른 곳에 가서 알아보시오" 하고 귀찮은 듯 말했습니다. 나그네가 방값을 낼 것 같지 않았기 때문입니다. "그러면 헛간에서라도 하룻밤 묵어가게 해 주시오." 하고 나그네는 간청했습니다. 나그네는 옷차림은 가난뱅이였지만 나쁜 사람 같아 보이진 않았기 때문에 주인은 허락을 했습니다.

밤이 깊었습니다. 보름이라서 달은 밝은데 나그네는 잠이 오지 않았습니다. 그래서 헛간 문에 앉아서 생각에 잠겼습니다. 그때 주막에서 기르는 거위 한 마리가 나그네가 있는 쪽으로 뒤뚱뒤뚱 걸어왔습니다. 거위는 땅바닥을 쳐다보더니 무엇을 주워 먹었습니다. 배가 고픈 게 틀림없었습니다. 그때 한 여자아이가 마당으로 뛰어나오더니 나그네가 앉아 있는 헛간 문 근처를 두리번거리며 무엇인가를 찾았습니다. 잠시 후, 주인이 따라 나왔습니다.

"늦은 시간에 자지 않고 여기서 뭘 하고 있느냐?" 주인이 물었습니다.

"아버지, 어떻게 해요? 진주구슬을 잃어버렸어요." 딸아이는 울면서 말했습니다.

"뭐라고? 진주구슬이 없어졌다고?" 주인은 잠시 마당을 돌아다니며 진주구슬을 찾았습니다. 그리고 곧 헛간 문에 앉아 있는 나그네를 쏘아보면서 "당신이 가져갔지? 빨리 구슬을 내어 놔." 하고 재촉했습니다. 나그네는 정말 어이가 없었습니다. "내 것도 아닌 구슬을 내가 왜 가져가겠소? 나는 모르는 일이오."

아무리 아니라고 해도 주인은 나그네의 말을 믿지 않고 마침내 나그네를 꽁꽁 묶었습니다. 그리고 아침에 관가로 데려가겠다고 했습니다. 나그네는 주인에게 조용히 말했습니다. "마음대로 하시오. 그러나 내 부탁 하나만 꼭 들어주시오. 저 거위를 내 곁에 같이 매어 두시오. 저 거위는 내가 도둑이 아닌 걸 알고 있으니 진실을 밝혀 줄 것이오." "어떻게 거위가 그걸 밝힐 수 있겠소?" 주인은 이상하게 생각했지만 거위를 나그네 곁에 매어 두고 방으로 들어갔습니다.

다음 날 아침이 되었습니다. 주인이 나그네를 관가로 끌고 가려고 하자 나그네가 말했습니다. "가기 전에 저 거위가 눈 똥을 한번 헤쳐 보시오."

나그네의 말에 자꾸 이상한 생각이 들었지만 주인은 거위의 똥을 막대기로 헤쳤습니다. 그런데 거위의 똥 속에 구슬이 있었습니다. 그걸 보고 주인은 자신의 잘못을 깨닫고 나그네에게 사과했습니다. 그리고 물었습니다. "손님, 거위가 구슬을 먹은 걸 알았으면 왜 어젯밤에 그렇게 말씀하시지 않았습니까?"

"내가 어젯밤에 그렇게 말했으면 당신이 저 거위를 가만 두었겠소? 아마 칼로 거위의 배를 잘라 죽였을 것이오."

주인은 나그네의 깊은 생각에 감탄했습니다.

IV. WORDS AND EXPRESSIONS
단어와 표현

주막	tavern, inn (in olden days)
나그네	stranger, wayfarer
아래위로 훑어보다	to examine up and down
귀찮다	to be cumbersome, annoying
헛간	shed, barn
묵어가다	to stay (a night)
가난뱅이	pauper
허락하다	to permit
보름	full moon, 15 days
생각에 잠기다	to be lost in contemplation
거위	goose
뒤뚱뒤뚱	waddle
땅바닥	ground
틀림없다	to be certain
두리번거리다	to look around
진주구슬	pearl

쏘아보다	to stare
재촉하다	to urge
믿다	to believe, trust
어이가 없다	to be dumbfounded, absurd
묶다	to tie up
관가	district government office, authority
부탁	favor
이상하다	to be strange, weird
진실	truth
밝히다	to clear (a matter), clarify, prove
이상하다	to be strange, weird
똥	poop, droppings
헤치다	to dig up, disperse
막대기	stick
잘못을 깨닫다	to realize one's fault, wrongdoing
사과하다	to apologize
감탄하다	to admire, wonder

V. COMPREHENSION
내용이해 확인

---

1. 주막 주인은 왜 나그네에게 방을 주지 않았습니까?

2. 나그네는 어디서 그 날 밤을 지냈습니까?

3. 주인 딸은 무엇을 잃어버렸습니까?

4. 주인 딸이 잃어버린 것을 누가 먹었습니까?

5. 주인은 딸이 잃어버린 것을 누가 가져갔다고 생각했습니까?

6. 주인은 왜 나그네를 꽁꽁 묶었습니까?

7. 주인이 나그네를 묶을 때 나그네는 주인한테 무슨 부탁을 했습니까?

8. 다음 날 주인은 나그네를 어디로 데려가려고 했습니까?

9. 주인은 나그네가 딸이 잃어버린 것을 가져가지 않은 걸 어떻게 알게 되었습니까?

10. 나그네는 왜 주인에게 전날 밤에 거위에 대한 얘기를 하지 않았습니까?

VI. EXERCISES
연습

---

1. 밑줄 친 말과 뜻이 가장 비슷한 말을 고르세요.

Choose the closest words and expressions in meaning to the underlined words and expressions.

....

1) 주인은 나그네를 <u>아래 위로 훑어보고 나서</u> "빈 방이 없는데 다른 곳에 가서 알아보시오" 하고 귀찮은 듯 말했습니다.
　　ㄱ. 관심없는 듯이 흘낏 보고 나서
　　ㄴ. 천천히, 똑바로 보고 나서

ㄷ. 머리와 발만 보고 나서

ㄹ. 마음에 안 드는 표정으로 살피고 나서

2) "그러면 헛간에서라도 하룻밤 묵어가게 해 주시오." 하고 나그네는 간청했습니다.

　　ㄱ. 자고 가게

　　ㄴ. 기다리고 가게

　　ㄷ. 어울리고 가게

　　ㄹ. 쉬고 가게

3) 주인은 나그네를 쏘아보면서 "당신이 가져갔지? 빨리 구슬을 내어 놔." 하고 재촉했습니다.

　　ㄱ. 간청했습니다

　　ㄴ. 소리쳤습니다

　　ㄷ. 서둘렀습니다

　　ㄹ. 졸랐습니다

4) 저 거위를 내 곁에 매어 두시오. 내가 도둑이 아니란 걸 저 거위가 내일 아침에 밝혀 줄 것이오.

　　ㄱ. 가르쳐 줄

　　ㄴ. 분명히 보여 줄

　　ㄷ. 알려 줄

　　ㄹ. 이해시켜 줄

5) 주인은 이상했지만 나그네의 말대로 거위의 똥을 막대기로 헤쳤습니다.

　　ㄱ. 긁어 모았습니다

　　ㄴ. 들어 올렸습니다

　　ㄷ. 파 내었습니다

　　ㄹ. 보여 주었습니다

6) 주인은 나그네의 깊은 생각에 <u>감탄했습니다</u>.
   ㄱ. 부러운 마음이 들었습니다
   ㄴ. 기분이 좋았습니다
   ㄷ. 아주 놀랐습니다
   ㄹ. 무서운 생각이 들었습니다

2. 보기에서 적당한 단어를 골라 빈 칸을 채우세요.
Fill in the blanks with the appropriate word from the examples.
....

   <보기: 아무리   꽁꽁   잠시   자꾸>

1) 딸 아이의 말을 들은 주인은 _____ 마당을 돌아다니며 진주구슬을 찾았습니다.

2) _____ 아니라고 해도 주인은 나그네의 말을 믿지 않았습니다.

3) 나그네의 말에_____ 이상한 생각이 들었지만 주인은 거위의 똥을 막대기로 헤쳤습니다.

4) 주인은 나그네를_____ 묶고 다음 날 아침에 관가로 데려가겠다고 말했습니다.

3. 설명을 읽고 맞는 단어를 본문에서 찾아 쓰세요.
Write the word from the main text that has the following definition.
....

1) 요즘의 호텔과 같은 곳으로 여행하는 사람들이 밥을 먹고 잠을 자는 곳: _____

2) 보통 시골 집에 있는, 쓰지 않는 물건들을 넣어 두는 곳: _____

3) 보통 나무로 만든 가늘고 긴 물건:

_____

4) 15일의 다른 말: _____

5) 떠돌아 다니는 사람: _____

6) 도움이 필요할 때 도움을 청하는 것:

_____

4. 맞는 것끼리 연결하세요.

Connect the following words and their corresponding meanings.
....

1) 훑어보다   ㄱ. to look around

2) 쏘아보다   ㄴ. to give a searching glance

3) 두리번거리다   ㄷ. to stare at

5. 나머지 셋과 가장 관계가 먼 것을 하나 고르고 셋의 공통점을 영어로 쓰세요.

Choose the word that is least related to the other three and write what the other three have in common.
....

1) ㄱ. 주막   ㄴ. 관가
   ㄷ. 헛간   ㄹ. 도둑

_____

2) ㄱ. 거위 ㄴ. 나그네
ㄷ. 주인 ㄹ. 딸

---

6. 아래에 주어진 **표현이 잘못 쓰인 문장**을 고르세요.

Choose the sentences in which the following expressions are incorrectly used.

1) 생각에 잠기다
ㄱ. 영수는 전화를 끊고 나서 깊은 생각에 잠겼다
ㄴ. 생각에 잠겨 있어서 생각이 깊다
ㄷ. 친구의 생각에 잠긴 모습이 너무 보기 좋다

2) 어이가 없다
ㄱ. 요즘 너무 행복해서 어이가 없다
ㄴ. 100불을 냈는데 50불만 받았다니 어이가 없다
ㄷ. 나그네는 주인이 자기를 구슬도둑으로 생각해서 어이가 없었다

3) 잘못을 깨닫다
ㄱ. 시험을 잘 못 보아서 잘못을 깨달았다
ㄴ. 약속을 안 지켜서 친구가 화를 냈을 때 내 잘못을 깨달았다
ㄷ. 주인은 자신의 잘못을 깨닫고 나그네한테 사과했다

7. 나는 누구일까요?

Who am I? Write as in the example.

<보기: 돈이 없어요. 아주 가난해요 → 가난<u>뱅이</u>>

1) 술을 많이 마시면 주정(drunken frenzy)을 해요.
   → _____ 뱅이

2) 일하기를 싫어하고 게을러요.
   → _____ 뱅이

3) 장(market)을 돌아다니면서 물건을 팔아요.
   → _____ 뱅이

4) 이 사람은 앉아서만 지내요.
   → _____ 뱅이

8. 주어진 단어와 같이 쓸 수 없는 표현을 하나 고르세요.

Choose the expression that cannot be used with the given word.

1. 부탁
   ㄱ. 부탁이 있다/없다   ㄴ. 부탁을 하다
   ㄷ. 부탁을 맡다   ㄹ. 부탁을 들어주다

2. 잘못
   ㄱ. 잘못을 허락하다   ㄴ. 잘못을 깨닫다
   ㄷ. 잘못을 후회하다   ㄹ. 잘못을 빌다

3. 잠기다

ㄱ. 물에 잠기다   ㄴ. 가난에 잠기다
ㄷ. 생각에 잠기다   ㄹ. 슬픔에 잠기다

9. 밑줄 친 부분과 바꿔 쓸 수 있는 표현을 보기에서 고르세요.

Choose the similar expression in meaning to the underlined expression.

1) 주인이 나그네를 관가로 <u>끌고 가려고 하자</u> 나그네가 말했습니다.

ㄱ. 끌고 가려고 했을 때
ㄴ. 끌고 가려고 했기 때문에
ㄷ. 끌고 가려고 해서
ㄹ. 끌고 가려고 하기 전에

2) <u>아무리 아니라고 해도</u> 주인은 나그네의 말을 믿지 않고 마침내 나그네를 꽁꽁 묶었습니다.

ㄱ. 아무리 아니라고 하면서도
ㄴ. 아무리 아니라고 했지만
ㄴ. 아무리 아니라고 하니까
ㄹ. 아무리 아니라고 하고 싶어도

1. 주막 주인이 잘못한 점은 무엇이라고 생각합니까? 크게 두 가지로 나눠 토론해 보세요.

2. 나그네의 말과 행동을 바탕으로 (based on) 나그네는 어떤 사람인지 설명해 보세요.

3. 나그네는 우리에게 어떤 교훈을 가르쳐 주고 있습니까?

4. 여러분은 이 이야기를 읽고 무엇을 느꼈습니까? 여러분의 행동(behavior)은 지금까지 주막 주인에 가까웠습니까? 나그네에 가까웠습니까?

5. 여러분이 이 이야기에 다른 제목을 붙인다면 어떻게 붙이고 싶습니까? 그리고 왜 그런 제목을 붙이고 싶은지 설명해 보세요.

6. 이 이야기에서 거위는 어떤 역할을 하고 있습니까?

7. 주막 주인이 나그네에게 한 말만 모아서 비교해 보세요. 어떤 차이가 있어요? 왜 주막 주인의 말이 첫째 날과 둘째 날에 달라졌어요?

   이것은 무엇을 말해주고 있어요? 특히 speech style 의 차이를 비교해 보세요.

VIII. ACTIVITIES AND TASKS
관련활동과 과제

1. 사람을 겉만 보고 성급하게 판단하면 (judge hastily) 큰 실수를 할 수 있습니다. 그런 경험(experience)이 있으면 그 경험에 대해서 구체적으로 얘기해 보세요. 어떤 실수를 했고 그 실수는 어떤 결과 (results)를 가져왔습니까?

2. 여러분이 지금까지 살아오는 동안에 누명을 쓰거나 (누명을 쓰다: to be set up) 억울한 일을 당한 경험이 있습니까? 있다면, 어떤 경험이었는지, 어떻게 그 누명을 풀었는지 이야기로 써 보세요. 그런 다음, 역할극을 만들어 보세요.

3. 한국사람들은 서양사람들에 비해 애완동물 (pet)을 많이 기르지 않는 편입니다. 동물에 대한 한국사람들의 생각과 여러분 나라 사람들의 생각이 어떻게 다른지, 그리고 이런 생각에 어떤 변화(change)가 있는지 연구해서 발표해 보세요.

IX. LEARNING ABOUT CULTURE
Jumak (Inn)

The basic function of a *jumak* is close to that of a modern-day hotel in many respects. It is a place where meals and drinks are sold, and travelers can stay for the night. No reliable record as to the exact origin of the *jumak* is available, but it is known that Cheongwan's Bar that was located in Gyeongju during the Silla Dynasty is the first *jumak* in record. Another theory claims that the *jumak* first appeared in 1097.

The most important functions of the *jumak* include the following. First, it sold food and drinks to the local customers and room and board to travelers. Second, it served as a hub of information, with travelers constantly coming and going, interacting, and exchanging news. Third, it was a place where cultural exchange was taking place, because people from all walks of life gathered there. Fourth, it was a resting place for travelers and an entertainment place for people with free time. *Jumak* is frequently seen even nowadays as a reconstructed look in historical dramas or movies with a historical background.

Large *jumak* had quite a few guest rooms, storage facilities, and even barns; traveling vendors entrusted their belongings to the *jumak*, and animals such as horses, cows, and donkeys were also taken care of. However, most small-sized *jumak* were usually located at the roadside in a rural area, and only had a few rooms and drinking space.

In the old *jumak*, a room for the night was free when a customer purchased a drink or meal. *Jumak* usually became fully packed at the time of the *gwageo* (civil service exam) that was held in Seoul, because it took so long for the candidates from local areas to arrive in Seoul with the limited public transportation of the time.

Jumak didn't have signs like modern-day hotels, but they did have their own names. These names were created by the regular customers, rather than the owners of the *jumak*, and many of them were quite interesting. Some examples include Well House if there was a well in the *jumak*, Wen House if the owner of the *jumak* had a wen on his or her back, and so on. *Jumak* usually were run by middle-aged or older women called *jumo* or *jupa*, although some *jumak* had a young boy called *jungnomi* as an assistant, whose role was mostly helping to prepare side dishes for drinks called *anju* and keeping an eye on the customers who consumed free *anju*.

(1) 아는 길도 물어가라

Better to ask the way than go astray.

(2) 돌다리도 두들겨 보고 건너라

Knock even the stone bridge before you cross: Look before you leap.

(3) 기지도 못하면서 뛰려 한다

First creep and then go: Don't hurry.

Message: Think twice before you act. Be prudent.

X. ENGLISH TRANSLATION OF THE STORY

This is a story of long ago. A traveler came into the inn and asked if there was a spare room. After eyeing the traveler up and down, the owner said, "There's no room here, so look elsewhere." This was because he didn't believe the traveler would pay for his stay. "Then please at least let me stay in the barn for a night," begged the traveler. Although he was dressed poorly, he did not seem like a bad person, so the owner gave him permission.

It was late at night. Because it was mid-month, the moon was bright, but the traveler could not fall asleep. So, he sat next to the barn door and was caught up in his thoughts. Then a barn goose waddled over to the traveler. Seeing something on the floor, the goose picked it up and ate it. He was obviously hungry. Then a young girl came running into the yard, and looked around the barn door where the traveler was sitting, trying to find something. Sometime later, the owner followed her into the yard.

"What are you doing here at this late hour?" asked the owner.

"Father, I don't know what to do! I lost my pearl bead," said the daughter, crying.

"What? You mean you lost the pearl?" For a few moments, the owner looked all over the yard for the pearl. Then staring at the traveler sitting in the barn, he said, "You stole it, didn't you? Give it back at once," he pressed.

The traveler could not believe it. "Why would I steal someone else's possessions? I have no idea what happened to it."

However he tried to deny it, the owner did not believe the traveler and finally tied him up. He said he would take him to the authorities the next morning. The traveler said quietly, "Do as you wish. But I have one request. Tie the goose to my side. Tomorrow morning, this goose will prove that I'm not the thief."

"How is the goose going to do that?" asked the owner, confused, but he still tied the goose to the traveler's side and returned to his room.

The next morning arrived. When the owner was going to take the traveler to the authorities, the traveler said, "Before we go, dig through the goose's droppings."

Thinking that the traveler's words continued to be strange, the owner dispersed the goose's droppings with a stick. Within the droppings, there was the pearl. Seeing this, the owner realized his mistakes and apologized to the traveler. He asked, "Sir, even though you knew the goose had swallowed the pearl, why didn't you say anything last night?"

"If I had told you last night, you would have taken a knife and sliced its stomach open." The owner was amazed at the traveler's deep thoughtfulness.

농부를 감동시킨 선비

THE SCHOLAR WHO TOUCHED THE FARMER

I. UNIT FOCUS
단원의 핵심

1. Core Vocabulary:

선비	scholar (in old Korea)
덕	virtue
지식	knowledge
정직	honesty
성실	hard work
구두쇠	stingy person, miser
벼/쌀/죽	rice plant/uncooked rice/porridge
도둑질	stealing
욕심	greed
솥	kettle, pot

2. Grammar:

__기 위해서 (위하여)	in order to, for the purpose of
__(으)ㄹ 뿐만 아니라	not only . . . but also
__(은)ㄴ 줄 알다	thought that (presumed thought)

3. Expressions:

귀를 기울이다	to listen attentively (lit. to bend one's ears)
동정을 살피다	to watch the movements or the state of things
감동을 받다	to be touched
욕심을 내다/부리다	to become greedy
잘못을 뉘우치다	to repent one's wrongdoing
도움을 청하다	to ask for help

1. 농부는 무엇을 하는 사람입니까?
   선비와 농부의 생활은 어떻게 다릅니까?

2. 옛날 한국사회에서 선비와 생활과농부의 사회적
   지위(social status)는 어떻게 달랐을까요?

3. 이 이야기에서 선비와 농부는 어떤 관계에 있을
   까요? 그리고 선비는 농부를 어떻게 감동시켰을
   까요?

III. MAIN STORY
본문

옛날 어느 마을에 한 선비가 살았습니다. 선비는 아주 가난했지만 정직하고 성실했습니다. 그리고 항상 덕과 지식을 쌓기 위해서 노력했습니다. 그런데 이 선비의 이웃에는 한 농부가 살고 있었습니다. 이 농부는 아주 부자였지만 구두쇠일 뿐만 아니라 욕심쟁이였습니다. 그래서 마을 사람들은 다 이 농부를 싫어했습니다.

어느 날, 농부는 몰래 선비 집으로 들어갔습니다. 선비 집에 있는 솥이 욕심이 났기 때문입니다. 농부가 주위를 살펴보니까 선비의 아내는 마침 죽을 쑤어서 방으로 들어가고 있었습니다. 선비의 아내가 방으로 들어간 것을 보고 농부는 살금살금 부엌으로 갔습니다. 그리고 방문에 귀를 기울이고 동정을 살 폈습니다.

"쌀이 없을텐데 웬 죽이오?" 선비가 물었습니다.

"그래서 반 그릇도 되지 않아요." 아내가 대답했습니다.

"내 말은 쌀을 어디서 구했느냐는 말이오."

선비가 계속 물어도 아내는 대답을 못하고 가만히 서 있었습니다.

"부인, 대답을 못 하는 걸 보니 혹시....?"

"사실은, 이웃 농부 집 벼를 조금 가져와서 그걸로 끓였어요."

"뭐요? 그럼 부인이 도둑질을 했단 말이오? 어떻게 그런 일을....아무리 배가 고파도 도둑질을 하다니... 있을 수 없는 일이오."

"가을 추수때 대신 농부 집 일을 도와줄 생각이었어요. 당장 먹을 게 아무 것도 없는데 굶을 수는 없잖아요?" 아내가 작은 소리로 말했습니다.

그러나 선비는 아내를 심하게 꾸짖으면서 말했습니다.

"부인, 당신의 잘못을 깨닫게 해 줄테니 어서 종아리를 걷고 돌아서시오."

선비의 아내는 한 마디 불평없이 남편 말대로 종아리를 걷고 매를 맞았습니다.

"내가 그래도 글을 읽고 덕을 닦는 선비인데 어떻게 도둑질한 남의 음식을 먹겠소? 딩장 가져 가시오."

한편, 선비 부부의 얘기를 엿들은 농부는 선비 부부의 행동에 감동을 받았습니다.

그리고 욕심을 부린 자신이 정말 부끄러웠습니다. 농부는 얼른 자기 집으로 돌아가서 아내에게 쌀밥을 짓게 하고 맛있는 반찬을 만들게 했습니다. 그리고 아내와 같이 상을 차려서 선비 집으로 가져갔습니다. 선비 부부는 갑자기 상을 차려 온 농부 부부를 보고 깜짝 놀랐습니다. 농부가 구두쇠라는 걸 잘 알고 있었기 때문입니다. 농부는 솥을 훔치러 선비 집에 들어왔던 애기와 선비 부부의 대화를 들은 애기까지 다 털어놓았습니다. 그리고 자신의 잘못을 뉘우치며 선비의 도움을 청했습니다. 그 후 농부는 선비한테서 글을 배워 덕을 쌓고 가난한 이웃을 도우며 살게 되었습니다.

IV. WORDS AND EXPRESSIONS
단어와 표현

선비	scholar (in old Korea)
덕	virtue
지식	knowledge
노력하다	to make an effort
정직하다	to be honest
성실하다	to be earnest, hard-working
욕심 많다	to be greedy
농부	farmer
부자	rich person
구두쇠	stingy person, miser
욕심쟁이	greedy person
싫어하다	to dislike

몰래	in secret, stealthily
솥	kettle, pot
욕심(이) 나다	to become greedy
아내	wife
죽을 쑤다	to make porridge
귀를 기울이다	to listen attentively (lit. to bend one's ears)
동정을 살피다	to watch the movements or state of things
가만히	quietly
부인	other person's wife, middle-aged woman (polite form)
벼	rice plant
도둑질을 하다	to steal
추수	harvest
굶다	to starve
심하게	severely
불평없이	without complaining
종아리를 걷다	to roll (one's pants) up one's calf
매를 맞다	to be whipped
엿듣다	to overhear
행동	behavior
감동을 받다	to be moved, touched
욕심을 부리다	to get greedy
부끄럽다	to be ashamed
밥을 짓다	to cook rice
상을 차리다	to prepare food, to set the table
깜짝 놀라다	to be startled
훔치다	to steal

대화	conversation, dialogue
털어놓다	to disclose, reveal (a secret)
잘못을 뉘우치다	to regret one's wrongdoing
도움을 청하다	to ask for help

V. COMPREHENSION
내용이해 확인

---

1. 선비는 어떤 사람이었습니까?

2. 선비의 이웃에는 누가 살고 있었습니까?

3. 농부는 왜 선비 집에 몰래 들어갔습니까?

4. 농부가 선비 집에 들어갔을 때, 선비의 아내는 무엇을 하고 있었습니까?

5. 선비의 아내는 무엇으로 죽을 끓였습니까?

6. 선비는 왜 아내를 심하게 꾸짖고 아내한테 매를 때렸습니까?

7. 선비 부부의 애기를 엿들은 농부는 어떤 느낌이었습니까?

8. 농부는 왜 아내와 함께 상을 차려서 선비 집으로 갔습니까?

9. 선비 부부는 왜 농부 부부를 보고 깜짝 놀랐습니까?

10. 이 일이 있은 후 농부는 어떻게 달라졌습니까?

1. 밑줄 친 말과 뜻이 <u>가장 비슷한</u> 말을 고르세요.

   Choose the closest words or expressions in meaning to the underlined words or expressions.

   ....

   1) 선비는 항상 덕과 지식을 쌓기 위해서 <u>노력했습니다</u>.
      - ㄱ. 혼자 시간을 보냈습니다
      - ㄴ. 학교에 열심히 다녔습니다
      - ㄷ. 가족들의 도움을 받았습니다
      - ㄹ. 애썼습니다

   2) 농부는 선비 집에 있는 솥이 <u>욕심이 났습니다</u>.
      - ㄱ. 갖고 싶었습니다
      - ㄴ. 좋아 보였습니다
      - ㄷ. 부러웠습니다
      - ㄹ. 필요했습니다

   3) "아무리 배가 고파도 도둑질을 하다니. <u>있을 수 없는 일이오</u>." 선비가 말했습니다.
      - ㄱ. 있으면 이상한 일이오
      - ㄴ. 있어서는 안되는 일이오
      - ㄷ. 있어도 괜찮은 일이오
      - ㄹ. 있을 것 같지 않은 일이오

4) 선비 부부의 애기를 <u>엿들은</u> 농부는 선비 부부의
   행동에 감동을 받았습니다.
   　ㄱ. 옆에서 들은
   　ㄴ. 다른 사람한테서 들은
   　ㄷ. 충분히 들은
   　ㄹ. 몰래 들은

5) 농부는 자기가 선비와 선비 아내의 대화를 다 들
   었다고 <u>털어놓았습니다</u>.
   　ㄱ. 솔직하게 애기했습니다
   　ㄴ. 사과했습니다
   　ㄷ. 알려주었습니다
   　ㄹ. 대답했습니다

2. 보기에서 적당한 단어를 골라 빈 칸을 채우세요.
   Fill in the blanks with the appropriate word from the examples.

   <보기:　가만히　몰래　얼른　불평없이>

1) 선비 집 솥이 욕심이 난 농부는 어느 날
   _____ 선비 집으로 들어갔습니다.

2) 선비가 계속 물어도 아내는 대답을 못 하고
   _____ 서 있었습니다.

3) 선비의 아내는 아무_____ 남편 말대로 종
   아리를 걷고 매를 맞았습니다.

4) 욕심을 부린 자신이 몹시 부끄러워 농부는
_____ 자기 집으로 돌아와서 밥을 짓고 반
찬을 만들었습니다.

3. 설명을 읽고 맞는 단어를 본문에서 찾아 쓰세요.
Write the word from the main text that has the following definition.

1) 아는 것: _____

2) 거짓말을 하지 않음: _____

3) 열심히 일함: _____

4) 무엇을 지나치게 갖고 싶어 하는 마음:
_____

5) 이야기: _____

6) 다른 사람의 아내: _____

7) 공부를 하는 사람, 학문을 닦는 사람:
_____

8) 돈이 아주 많은 사람: _____

9) 주위 분위기, 상황: _____

10) 잘못했다고 비는 것: _____

4. 관계있는 것끼리 연결한 후 문장을 만드세요.

Connect the related words and make sentences.

....

1) 욕심을   ㄱ. 받다

2) 죽을   ㄴ. 차리다

3) 동정을   ㄷ. 뉘우치다

4) 감동을   ㄹ. 쑤다

5) 상을   ㅁ. 부리다

6) 잘못을   ㅂ. 살피다

_____

_____

_____

_____

_____

_____

5. 주어진 표현과 뜻이 맞는 것끼리 찾아서 연결하세요.

Connect the following expressions and their corresponding meanings.

1) 귀를 기울이다   ㄱ. To ask for help

2) 동정을 살피다   ㄴ. To prepare food/to set the table

3) 상을 차리다   ㄷ. To regret one's wrongdoing

4) 잘못을 뉘우치다   ㄹ. To listen attentively

5) 도움을 청하다   ㅁ. To watch the movements or state of beings

6. 잘못 쓰인 것을 하나 고르세요.

Choose the incorrectly used expression.

1) 지식:
    ㄱ. 지식이 있다   ㄴ. 지식을 쌓다
    ㄷ. 지식을 만들다   ㄹ. 지식을 얻다

2) 욕심:
    ㄱ. 욕심이 나다   ㄴ. 욕심을 부리다
    ㄷ. 욕심을 내다   ㄹ. 욕심을 가지다

3) 용서:
    ㄱ. 용서를 구하다   ㄴ. 용서를 하다
    ㄷ. 용서를 빌다   ㄹ. 용서를 주다

7. 나머지 셋과 가장 관계가 먼 것을 하나 고르세요.

Choose the word that is least related to the other three.

1) ㄱ. 선비　　　　　ㄴ. 농부
　 ㄷ. 구두쇠　　　　ㄹ. 감동

2) ㄱ. 잘못　　　　　ㄴ. 용서
　 ㄷ. 대화　　　　　ㄹ. 매

3) ㄱ. 밥　　　　　　ㄴ. 벼
　 ㄷ. 죽　　　　　　ㄹ. 떡

8. 아래 단어의 반대말을 본문에서 찾아 쓰세요.

Write the antonyms of the following words from the main text.

1) 좋아하다: _____

2) 게으르다: _____

3) 가난뱅이: _____

4) 시끄럽게: _____

5) 자랑스럽다: _____

9. 아래 단어와 비슷한 말을 본문에서 찾아 쓰세요.

Write the synonyms of the following words from the main text.

1) 잘 듣다: _____

2) 훔치다: _____

3) 애쓰다: _____

4) 조용히: _____

---

1. 선비의 행동에 대해 여러분은 어떻게 생각합니까? 선비 부인의 행동에 대해 여러분은 어떻게 생각합니까? 특히 아내에게 종아리를 때린 선비의 행동에 대해 토론해 보세요.

2. 농부의 행동에 대해 여러분은 어떻게 생각합니까? 농부 부인의 행동에 대해 여러분은 어떻게 생각합니까? 선비 부인과 농부 부인은 어떤 공통점 (something in common)이 있습니까? 있으면 무엇입니까?

3. 이 이야기에 그려진 부부관계는 요즘의 부부관계와 다릅니다. 어떤 면에서 어떻게 다릅니까?

4. 선비는 자기 아내를 '부인'이라고 불렀습니다. 왜 그랬을까요? (참고: '부인'은 보통 다른 사람의 아내를 부를 때 쓰이는 말입니다.)

5. 선비와 선비 아내의 대화에서 선비는 어떤 speech style을 쓰고 있습니까? 이런 언어의 사용은 당시의 부부관계의 어떤 면을 보여주고 있습니까?

1. 사람이 크게 달라지는 데는 어떤 계기가 필요합니다 (예, 많이 아프고 난 후 아픈 사람들을 위해 일하게 됨). 여러분의 경우, 삶이 크게 달라지게 된 어떤 계기가 있었습니까? 있었다면 어떤 것이었는지 개인적인 경험을 나누어 보세요.

2. 우리는 말과 행동(behavior)을 통해서 알게, 모르게 다른 사람에게 영향(influence)을 미칩니다. 다른 사람에게 긍정적인(positive) 영향을 미치는 방법은 어떤 게 있을까요? 어떻게 다른 사람을 도울 수 있을까요?

3. 현명한 (wise) 남편은 어떤 남편이라고 생각합니까? 현명한 아내는 어떤 아내라고 생각합니까? 바람직한 (desirable) 남편과 아내의 조건(condition)에 대해 토론해 보세요. 그리고 리스트를 만들어 보세요.

4. 부부관계의 '호칭' (address term)에 대해 연구해서 발표해 보세요. 가장 일반적인 호칭은 무엇입니까? 이 호칭은 어떻게 변화해 왔습니까? 그리고 이런 호칭의 변화는 부부관계의 변화를 어떻게 반영하고 (reflect) 있습니까?

5. 옛날 한국사회에서의 여성의 역할에 대해 연구해 보세요. 현대 사회에서의 여성의 역할과 얼마나, 어떻게 달라졌습니까?

IX. LEARNING ABOUT CULTURE
Seonbi (Scholars)

A *seonbi*, or classical scholar, was a person of learning and character during the Joseon period, especially someone who observed and followed Confucian ideology totally. *Seonbi* were committed to learning and public life, and reached renown and high status by painstaking study and training, rather than birth.

Within Korean society, *seonbi* put their private study and learning to work by taking bureaucratic office and leading official lives. *Seonbi* had to pass the civil service exam (*gwageo*) in order to join the bureaucracy, and they especially prized positions related to speech, history, or learning. However, not all *seonbi* followed the path of becoming bureaucratic leaders; some chose private study and self-discipline over official careers, and still became leaders of public opinion.

Whether in or out of office, the life of a *seonbi* was devoted to the core Confucian virtues of benevolence and righteousness. Additional Confucian values such as loyalty to the king and filial duty to one's parents also played an important part in the *seonbi* worldview. In times of national crisis such as the Japanese invasion of Korea in 1592 or the Chinese invasion of Korea in 1636, many *seonbi* were instrumental in taking patriotic action to raise a loyal army and save the Korean nation from foreign attack.

The historical attitude of the *seonbi*, who sought after higher virtues as well as being devoted to their own society, is still prized as a model of a worthwhile mode of life, and Koreans today still think very highly of the *seonbi*.

(1) 남산골 샌님

Saennim of the *Namsan* valley

Meaning: Referring to a scholar (*seonbi*) who is poor but proud of himself.

X. ENGLISH TRANSLATION OF THE STORY

A long time ago in a village, there lived a scholar. He was very poor but honest and hard-working. And he always made an effort to be virtuous and attain knowledge. And in this scholar's neighbor there lived a greedy farmer. Although this farmer was very rich, he was a greedy miser. Therefore, the village people did not like the farmer.

One day, the farmer stealthily snuck into the scholar's home. This was because he wanted the scholar's cooking pot. Just then, the scholar's wife finished making rice porridge in the kitchen and then was entering into the room. After seeing the scholar's wife return to the room, the farmer snuck into the kitchen and put his ear against the door to the room. He wanted to be able to tell what was happening in the room.

"I thought we had no rice, so what is this rice porridge?" the scholar asked.

"That's why I could only make a little. It doesn't even fill half of the bowl," replied his wife.

"It's not that, I'm asking where the rice came from."

The scholar continued to ask his wife, but she did not respond and remained silent.

"Dear, why are you not replying? By any chance....?"

"To be honest, I brought some rice plant from the neighboring farmer's and made this porridge."

"What? You mean you stole it? How could you…No matter how hungry we are, we shouldn't have to steal… This shouldn't happen."

The scholar spoke admonishingly to his wife.

"Dear, roll up your pants. You must be made conscious of your mistake."

The scholar's wife didn't complain at all and rolled up her pants, according to her husband's directions, and received the whipping.

"How can I read texts and be a virtuous scholar if I eat stolen food? Take it away at once."

On the other side, the eavesdropping farmer heard their conversation and was deeply touched. Then he became ashamed of his greed. The farmer hurried home and told his wife to make boiled rice and side dishes. He prepared a meal and brought it to the scholar's house. Upon seeing the farmer and his wife bringing over the food, the scholar couple was very surprised because they knew the farmer was a miser. The farmers revealed to the couple that he had gone to their home to steal their cooking pot and that he had overheard their conversation. He then regretted his wrongdoing and asked for help. Afterwards, the farmer learned from the scholar and helped his poor neighbor, living virtuously.

나무꾼과 선녀

THE WOODCUTTER AND THE FAIRY

1. Core Vocabulary:

나무꾼	woodcutter
노루	roe deer
연못	pond
목욕	bath
선녀	fairy
날개옷	robe of feathers

2. Grammar:

~(으)니까	since (reason)/when (temporal sequence)
~아/어 있다	be in the state of (as a result of earlier action)
~아/어 주다	do something for other's benefit
~(으)ㄹ텐데	thought that but...
~(으)면 안 되다	shouldn't ... (prohibition)
~았/었으면 좋겠다	wish...

3. Expressions:

숨을 헐떡이다	to pant, breathe hard
은혜를 갚다	to repay one's obligations
눈 깜짝할 사이에	in the blink of an eye

1. 나무꾼은 뭐 하는 사람이에요? 선녀는 뭐예요? 어디 살아요?

2. 나무꾼과 선녀 사이에 무슨 일이 있었을까요? 추측해 보세요.

3. 이 이야기에서 노루는 어떤 역할을 할까요? 날개옷은 어떤 역할을 할까요?

4. 인간과 비인간 (non-human being)의 사랑 이야기를 들어 본 일이 있어요?

III. MAIN STORY
본문

옛날 옛날 금강산 부근 어느 마을에 한 나무꾼이 어머니와 함께 살고 있었습니다. 이 나무꾼은 너무 가난해서 아직 장가도 못 갔지만 다른 생각 하지 않고 열심히 나무를 하면서 어머니를 모셨습니다. 그 날도 나무를 하고 있었는데 갑자기 이상한 소리가 들렸습니다. 궁금해서 돌아보니까 노루 한 마리가 서 있었습니다. 노루는 숨을 헐떡이면서 말했습니다.

"나무꾼님, 나무꾼님, 지금 사냥꾼이 절 잡으러 쫓아오고 있어요. 제발 좀 도와 주세요." 마음씨 착한 나무꾼은 불쌍한 생각이 들어서 노루를 나뭇짐 속에 숨겨 주었습니다. 조금 후 사냥꾼이 나타나서 물었습니다. "이 쪽으로 노루 한 마리가 지나갔을텐데 보지 못했소?" "아, 네. 저 쪽으로 뛰어갔는데요." 나무꾼이 대답했습니다. 사냥꾼이 사라지고 난 후 나무꾼은 노루를 꺼내 주었습니다.

노루는 자기를 살려 준 고마운 나무꾼에게 은혜를 갚고 싶었습니다.

"나무꾼님, 제 말을 잘 들으세요. 금강산 꼭대기에 가면 깨끗한 연못이 하나 있어요. 그 연못에는 매달 보름날 하늘에서 선녀들이 내려와서 목욕을 해요. 내일이 마침 선녀들이 내려오는 날이니까 그 연못에 가 보세요. 선녀가 목욕을 하는 동안 선녀의 날개옷을 감추세요. 그러면 날개옷을 잃은 선녀는 하늘로 돌아가지 못하고 나무꾼님과 함께 살게 될 거예요."

"정말 그렇게 될까?" 나무꾼은 믿을 수 없는 표정으로 물었습니다.

"그런데 꼭 한 가지 기억해야 할 게 있습니다. 아들 셋을 낳을 때까지는 절대 날개옷을 돌려주시면 안 됩니다." 말을 끝낸 노루는 곧 사라졌습니다.

다음 날 나무꾼은 노루가 말한 연못에 가 보았습니다. 정말 세 명의 선녀가 즐겁게 목욕을 하고 있었습니다. 나무꾼은 노루가 말한 대로 한 선녀의 옷을 감추고 나무 뒤에 숨어서 지켜보았습니다. 얼마 후 목욕을 끝낸 선녀들이 옷을 찾았지만 날개옷 하나가 없었습니다. 날개옷을 잃은 선녀가 울고 있을 때 나무꾼이 선녀 앞에 나타났습니다. 그리고 선녀를 데리고 집으로 왔습니다.

이렇게 나무꾼과 선녀는 부부가 되어 같이 살게 되었습니다.

나무꾼은 더 열심히 나무를 하고 선녀도 열심히 집안일을 했습니다.

두 아들이 태어나고 아주 행복하게 살았습니다.

그러나 선녀는 가끔씩 하늘나라를 그리워했습니다. 그 날도 두 사람은 날개옷 이야기를 하고 있었는데 선녀가 날개옷을 다시 입어 보았으면 좋겠다고 말했습니다. 노루의 부탁을 잊어버리지 않았지만 선녀가 불쌍했고, 또 아들이 벌써 둘이니까 괜찮겠지 생각하고 나무꾼은 감춰 두었던 날개옷을 꺼내 선녀에게 주었습니다. 그런데 선녀가 날개옷을 몸에 대자 눈 깜짝할 사이에 두 아들을 양팔에 안고 하늘로 올라가 버렸습니다. 갑자기 아내와 아들을 잃은 나무꾼은 너무 놀라서 멍하니 선녀가 올라간 하늘만 바라보았습니다.

IV. WORDS AND EXPRESSIONS
단어와 표현

장가가다	to marry (used for men) (시집가다 for women)
~을/를 모시다	to take care of (older person), to live with
나무를 하다	to cut trees or wood (for a living)
소리	sound
노루	roe deer
숨을 헐떡이다	to pant, breathe hard
사냥꾼	hunter
불쌍하다	to be pitiful

나뭇짐	load of wood
숨기다	to hide (someone/something)
나타나다	to appear/show up
지나가다	to pass by
사라지다	to disappear
은혜를 갚다	to repay one's obligation, to return a favor
깨끗하다	to be clean
연못	pond
가끔	occasionally, every now and then
선녀	fairy
목욕하다	to bathe
날개옷	robe of feathers
감추다	to hide
신기하다	to be mysterious, marvelous, supernatural
낳다	to give birth
절대(로)	never
기억하다	to remember
지키다	to keep
결국	at last, finally
남다	to remain, to be left
부부	married couple
집안일	housework
그리워하다	to miss (someone, something), to long for
눈 깜짝할 사이(에)	in the blink of an eye
아내	wife
아들	son

멍하니	absent-mindedly, blankly
바라보다	to gaze

V. COMPREHENSION
내용이해 확인

---

1. 이 이야기는 어디에서 일어나고 있어요?

2. 나무꾼은 왜 장가를 못 갔어요?

3. 나무꾼은 어떻게 노루를 도와 주었어요?

4. 노루는 왜 나무꾼의 도움이 필요했어요?

5. 노루는 어떻게 나무꾼에게 은혜를 갚았어요?

6. 노루의 말 중에서 나무꾼이 꼭 기억해야 할 말은 무엇이었어요?

7. 연못에서 목욕을 한 선녀 중 한 선녀는 왜 하늘로 돌아가지 못했어요?

8. 나무꾼은 돌아가지 못한 선녀를 어떻게 했어요?

9. 두 사람이 부부가 된 후의 생활은 어땠어요?

10. 두 사람은 아이를 몇 명 두었어요?

11. 선녀는 어떻게 다시 하늘로 돌아가게 되었어요?

12. 선녀를 잃은 나무꾼의 생활은 어땠어요?

1. **밑줄 친 말과 뜻이 가장 비슷한 말을 고르세요.**

   Choose the closest words or expressions in meaning to the
   underlined words or expressions.

   ....

   1) 이 나무꾼은 너무 가난해서 아직 <u>장가도 못 갔지</u>
      <u>만</u> 다른 생각 하지 않고 열심히 나무를 하면서
      어머니를 모셨습니다.
      ㄱ. 여자친구도 없었지만
      ㄴ. 집도 없었지만
      ㄷ. 돈도 별로 없었지만
      ㄹ. 결혼도 못 했지만

   2) 노루는 쫓아와서<u>숨을 헐떡이며</u> 말했어요.
      ㄱ. 숨이 차서
      ㄴ. 숨이 막혀서
      ㄷ. 떨면서
      ㄹ. 큰 소리로

   3) "정말 그렇게 될까?" 나무꾼은 <u>믿을 수 없는 표</u>
      <u>정으로</u> 물었습니다.
      ㄱ. 이상해서
      ㄴ. 의심스러워서
      ㄷ. 기가 막혀서
      ㄹ. 궁금해서

4) <u>눈 깜짝할 사이에</u> 선녀는 그만 하늘로 올라가 버렸습니다.
　　ㄱ. 눈을 감고 있는 사이에
　　ㄴ. 순식간에
　　ㄷ. 보지 않는 동안에
　　ㄹ. 잠시 후에

5) 나무꾼은 날개옷을 잃은 <u>선녀를 데리고</u> 집으로 왔습니다.
　　ㄱ. 선녀와 함께
　　ㄴ. 선녀를 두고
　　ㄷ. 선녀와 따로
　　ㄹ. 선녀를 그리워하며

2. 보기에서 적당한 단어를 골라 빈칸을 채우세요.
Fill in the blanks with the appropriate word from the examples.

　　<보기: 절대　멍하니　갑자기　마침　결국>

1) 그 날도 나무를 하고 있는데 _____ 이상한 소리가 들렸습니다.

2) 내일이 _____ 선녀들이 내려오는 날이니까 그 연못에 가 보세요.

3) 아들 셋을 낳을 때까지는 _____ 날개옷을 돌려주시면 안 됩니다.

4) 세 선녀 중 두 선녀는 하늘로 돌아가고 _____ 날개옷을 잃은 한 선녀만 남게 되었습니다.

5) 아내와 아들을 잃은 나무꾼은 너무 놀라서 _____ 선녀가 올라간 하늘만 바라보았습니다.

3. 설명을 읽고 맞는 단어를 본문에서 찾아 쓰세요.
Write the word from the main text that has the following definition.

1) 남편과 아내: _____

2) 빨래, 청소, 설거지, 요리 등: _____

3) 몸을 씻는 것: _____

4) 동물을 잡으러 다니는 사람: _____

5) 사랑으로 주는 혜택: _____

6) 생각없이, 정신없이: _____

4. 관계있는 것끼리 연결하세요.
Connect the related words or expressions.

1) 마음씨가　　　　ㄱ. 바라보다

2) 은혜를　　　　　ㄴ. 쫓아오다

3) 멍하니　　　　　ㄷ. 착하다

4) 눈깜짝할 사이에　ㄹ. 일어나다

5) 숨을 헐떡이며　　ㄴ. 갚다

5. 두 단어의 관계가 다른 것을 하나 고르세요.

Choose the one in which the relationship of the two words is different from the other three.

....

1) ㄱ. 나타나다—사라지다   ㄴ. 깨끗하다—더럽다
   ㄷ. 기억하다—잊어버리다 ㄹ. 감추다—숨기다

2) ㄱ. 살리다—죽이다   ㄴ. 급히—빨리
   ㄷ. 가난하다—돈이   ㄹ. 멍하니—정신없이
      없다

3) ㄱ. 장가가다—시집가다   ㄴ. 남편—아내
   ㄷ. 사냥꾼—나무꾼   ㄹ. 아들—딸

4) ㄱ. 숨다—숨기다   ㄴ. 살다—살리다
   ㄷ. 보다—보이다   ㄹ. 입다—입히다

6. 잘못 쓰인 것을 하나 고르세요.

Choose the incorrectly used word.

....

1) ㄱ. 나무꾼   ㄴ. 바람꾼
   ㄷ. 사냥꾼   ㄹ. 짐꾼

2) ㄱ. 사고뱅이   ㄴ. 가난뱅이
   ㄷ. 게으름뱅이   ㄹ. 앉은뱅이

3) ㄱ. 잠꾸러기   ㄴ. 욕심꾸러기
   ㄷ. 말썽꾸러기   ㄹ. 일꾸러기

4) ㄱ. 거짓말쟁이   ㄴ. 욕쟁이
   ㄷ. 공부쟁이   ㄹ. 멋쟁이

7. 맞춤법이 틀린 글자를 찾아 밑줄을 치고 맞게 고쳐 쓰세요.

Underline the incorrect spellings and correct them.

1) 날개옷을 일흔 선녀는 하늘로 도라가지 못할 거에요.

2) 모욕을 끈낸 선녀들이 옷을 차자씁니다.

3) 옌날 옌날 어느 마을에 한 나무꾼이 사랐어요.

4) 노루는 나무꾼에게 은애를 갑고 시퍼습니다.

5) 금강산 꼭데기에 가면 깨끄탄 연모시 하나 이써요.

8. 보기에서 적당한 접속사를 골라 빈 칸을 채우세요.

Fill in the blanks with the appropriate conjunction from the examples.

<보기: 그런데   그러면   그래도>

1) 이 나무꾼은 아직 장가도 못 갔어요. _____ 다른 생각하지 않고 날마다 열심히 나무를 했어요.

2) "선녀가 목욕을 하는 동안 날개옷을 감추세요. _____ 날개옷을 잃은 선녀는 나무꾼님과 함께 살게 될 것입니다."

3) 선녀는 날개옷을 다시 입어보고 싶었습니다. _____ 날개옷을 몸에 대자 이상한 일이 생겼습니다.

9. 아래 단어의 반대말을 본문에서 찾아 쓰세요.

Write the antonyms of the following words from the main text.

1) 찾다: _____

2) 나타나다: _____

3) 죽이다: _____

4) 더럽다: _____

5) 자주: _____

6) 잊어버리다: _____

VII. QUESTIONS FOR DISCUSSION AND COMPOSITION
토론과 작문 질문

---

1. 나무꾼과 선녀 사이에는 큰 차이점이 있습니다. 어떤 차이인지 토론해 보세요.

2. 이 이야기를 선행(good deeds)과 보상(reward)의 관점에서 토론해 보세요.

3. 이 이야기의 비현실적인 면(unrealistic aspect)은 무엇입니까?

4. 이 이야기가 다른 이야기들과 다른 점은 무엇입니까? 이야기 마지막 부분(결말)을 중심으로 생각해 보세요.

5. 선녀와의 만남과 결혼으로 나무꾼의 삶은 여러 번 달라졌습니다. 나무꾼의 삶에 일어난 변화를 중요한 사건(incident)을 중심으로 간단한 도표로 만들어 설명해 보세요.

1. 여러분 나라에도 비슷한 이야기가 있어요? 있으면 비교해 보세요.

2. 이 이야기는 여기서 끝나지 않았습니다. 여러분이 계속해서 이야기를 써 보세요.

   그리고 Learning about Culture section에 주어진 이야기의 마지막과 비교해 보세요.

3. 이 이야기를 현대를 배경으로 다시 써 보세요.

4. 이 이야기에는 숫자 '3'이 여러번 나옵니다 (예, 아들 셋, 세 명의 선녀). 한국문화에서 숫자 '3'이 가지고 있는 상징적 의미에 (symbolic meaning of number 3) 대해 연구해 보세요. 여러분이 알고 있는 다른 예를 들어 보세요. 그리고 여러분 나라의 문화와 비교해서 생각해 보세요. 여러분 문화에서 특별한 의미를 가진 숫자는 무엇입니까?

5. 이 이야기를 역할극으로 바꾸어 보세요.

6. 은혜 갚은 동물 이야기는 한국 설화에 자주 나옵니다. 다른 예 ("은혜 갚은 까치" "은혜 갚은 호랑이")를 찾아 읽어 보세요.

The Woodcutter and The Fairy: Part II

This tale is a representative tale dealing with the main motif of the fairy. In fact, many motifs of folk tales are universal regardless of the culture, including fairies, witches, dragons, monsters, wicked stepmothers, talking animals, and so on. In Korean tales, tigers, rice cakes, goblins, hares, and fools also frequently appear.

This type of tale is very popular in other cultures in the world, and is widely known as a "Swan Maiden tale." The story of the Woodcutter and the Fairy can be found in most areas in Korea, although the specific details of the story vary slightly from place to place.

The tale has two major versions depending on the ending of the story, which can be either happy or sad. The main text of this unit does not have the real ending, which goes like the following: "The roe deer reappeared before the woodcutter, who was in despair after losing his beloved family. The sympathetic deer told the woodcutter that a bucket would come down from heaven to the land to draw water on the fifteenth day, and advised him to ride that bucket and go up to heaven to meet his family. The woodcutter did what the deer told him to, was reunited with his family, and lived happily ever after." This is the story with a happy ending.

In another version, the story continues after the reunion, as follows. "While the woodcutter was happy living with his family in the heaven, he was saddened by the thought of his lonely mother whom he had left on Earth. Knowing her husband's troubled heart, the fairy offered him a heavenly horse and told him to go see his mother on one condition. The woodcutter was not supposed to put his feet on the land. Keeping his wife's warning in mind, the woodcutter went down to earth on the heavenly horse. When the woodcutter's mother saw her long-missed son, she wanted to hold him. But the son couldn't get off the horse. Then the mother made the squash porridge that was her son's favorite food and gave it to him. Since the woodcutter had to stay on the horse, his mother was trying to bring the porridge up to her son. But the hot porridge spilled on the back of the horse by mistake, the stunned horse jumped erratically, and the woodcutter fell to the ground. Leaving the woodcutter behind, the horse ascended to heaven alone. The woodcutter lived in utter sadness looking up to heaven every day and eventually died. He was told to become the rooster."

Perhaps this story explains why some houses in rural Korea have a model rooster at the rooftop of the house.

RELATED PROVERBS
관련 속담

---

(1) 눈에서 멀어지면 마음에서도 멀어진다
Out of sight, out of mind.

X. ENGLISH TRANSLATION OF THE STORY

A long, long time ago, in a village near Geumgang Mountain, a woodsman was living with his mother. This woodsman was so poor that he still could not marry, but thought of nothing else and took care of his mother while working hard. One day, he was cutting wood when suddenly a strange sound was heard. When the curious woodsman turned around, he saw a roe deer standing in the woods. Gasping, the roe deer spoke.

"Woodsman, woodsman, right now a hunter is chasing me. Please help me." The kind woodsman felt sorry for the roe deer and hid it inside the bundle of wood he had chopped. A while later, the hunter appeared and asked, "Have you seen a roe deer passing through here?"

"Ah, yes. It went that way," the woodsman replied. After the hunter disappeared, the woodsman helped the roe deer out.

Because he had saved the deer's life, the roe deer wanted to pay him back in kind.

"Sir, listen to me very carefully. If you go to the top of Geumgang Mountain, there is a clean pond. At this pond, every mid-month, fairies come down from the heavens and take a bath. Tomorrow, coincidentally, is the day that the fairies will come down to the pond, so please go there. Hide their wings while the fairies are bathing. Then one with missing wings will not be able to return to heaven and will live with you instead."

"Will this really work?" asked the woodsman dubiously.

"By the way, you must remember one thing. Until you have your third child, you must not return her wings." With those words, the roe deer vanished.

The next day, the woodsman went to the pond that the roe deer had mentioned. Indeed, he saw three fairies bathing happily. Just as the roe deer had said, he hid one fairy's wings and watched the scene behind a tree. Later, after the bath the fairies went to find their wings, but one was missing. While the fairy with missing wings was crying, the woodsman appeared in front of the fairy. Then he took her home. It was in this way that the woodsman and fairy became married and lived together. The woodsman worked hard cutting wood, and the fairy worked hard inside the home doing housework. They had two children, and they lived happily together.

However, the fairy looked to the heavens longingly from time to time. One day, the two were talking about wings, and she said that she wished she could wear her wings once again. Although he did not forget the roe deer's advice, because he took pity on her, and they already had two children, the woodsman thought it might be safe to give the fairy her previously hidden wings. But when the fairy put on the wings, she went up to the heavens, in the blink of an eye, holding one child in each arm. Suddenly having lost his two children and his wife, the woodsman was so shocked that he looked blankly at the heavens to which his fairy had gone.

제 11과

대동강 물을 팔아먹은 봉이 김 선달

BONGI KIM SEON-DAL WHO SOLD DAEDONG RIVER

1. Core Vocabulary:

물	water
사대부집	house of high-class people during the Goryeo and Joseon Dynasties
물장수	water vendor
상인	merchant
동전/엽전	coin/coin of old days (brass with square hole)
흥정	bargain
거래	transaction

2. Grammar:

~(으)라고 하다	indirect quotation (command)
~(으)ㄴ/는 척하다	pretend to ~
~에 대해서 (대하여)	about ~

3. Expressions:

술에 취하다	to be drunk
번개처럼 스치다	to be grazed like lightning, just come to mind
옷을 차려입다	to dress up
소문을 듣다	to hear a rumor
호통을 듣다	to be scolded
마지 못한 척 따라가다	to follow reluctantly

도장을 찍다	to approve (lit. to rubber-stamp)
입을 다물다	to keep a secret, be silent (lit. to close one's mouth)
빠른 걸음으로 사라지다	to disappear (walk off) hastily

II.WARM-UP
준비학습

---

1. 대동강은 어디 있어요?

2. 김 선달은 어떻게 대동강 물을 팔 수 있었을까요?

3. 용기(courage), 배짱(guts), 정의(justice)의 의미에 대해 생각해 보세요.

III. MAIN STORY
본문

김 선달은 그 날도 다른 날과 마찬가지로 강나루 근처에 있는 주막에서 재미있는 이야기와 낮술에 취해 있었습니다. 그 때 주막 아주머니한테서 한양에서 여러 상인들이 평양에 왔다는 말을 들었습니다. 그 순간 김 선달의 머리에는 기발한 생각이 번개처럼 스쳤습니다. 선달은 강가에 나가서 사대부집에 물을 길어다 주는 물장수들을 만났습니다. 선달은 물장수들에게 "날씨도 더운데 막걸리나 한 잔 하

자"고 제의했습니다. 물장수들과 함께 술을 마시면서 선달은 물장수들에게 "내일부터 물터에서 물을 지고 갈때마다 내게 동전 하나씩을 던져 주시오." 하면서 엽전을 몇 개씩 나누어 주었습니다.

다음 날 선달은 옷을 잘 차려입고 물터로 가는 길목에 앉아서 물장수들이 던져주는 엽전을 받았습니다. 지나가는 사람들은 선달이 돈 받는 모습을 보면서 이해할 수 없다는 듯이 수군거렸습니다. 선달은 다음 날도, 그 다음 날도, 계속 그 자리에 앉아서 물값을 받았습니다.

마침내 이 소문을 들은 젊은 상인 대여섯 명이 나타나서 이 광경을 보았습니다. 그 때 엽전을 내지 못한 물장수 한 명이 선달로부터 더 이상 물을 가져갈 수 없다는 호통을 듣는 것을 보았습니다. 궁금한 상인들은 무슨 일인지 물었습니다. 그 물장수는 "이 대동강 물이 저 영감의 것인데 물값을 내지 못해서 혼이 났다"고 대답했습니다.

애기를 들은 상인들은 그 큰 대동강 물을 가지고 있는 선달이 부러웠습니다. 그래서 선달을 구슬려 강을 차지할 생각을 했습니다. 그리고 선달에게 주막으로 한잔 하러 가자고 꼬셨습니다. 물론 선달은 마지못한 척 상인들을 따라갔습니다. 술이 몇 바퀴 돌자, 상인들은 대동강 물을 팔라며 흥정을 시작했습니다. 선달은 조상님들로부터 물려받은 대동강 물을 마음대로 팔 수 없다며 버텼습니다. 그러나 상인들도 포기하지 않았습니다. 값은 1천 냥에서 2천 냥으로, 그리고 4천 냥으로 점점 더 올라갔고 마침내 4천 냥으로 결정되었습니다. 값이 결정된 후에도 선달은 아쉬워하며 도장 찍기를 망설였습니다. 그리고 말했습니다. "내가 대동강 물을 이 곳 사람들에게 팔지 않고 당신들에게 판 것이 알려지면 우리 모두 좋지 않을 것이오. 그러니 이 거래에 대해서 입을 다물어 주시오." 하고 말했습니다. 그리고 선달은 4천 냥이 든 자루를 둘러메고 빠른 걸음으로 어디론가 사라졌습니다.

IV. WORDS AND EXPRESSIONS
단어와 표현

~와/과 마찬가지로	the same as ~
강나루	a ferry point on a river
주막	tavern
낮술	day drinking
취하다	to be drunk, intoxicated
한양	Seoul (of Joseon Dynasty)
상인	seller, vendor
평양	Pyeongyang (present-day capital city of North Korea)
기발한 생각	a novel or extraordinary idea
번개처럼 스치다	to be grazed like lightning, just come to mind
사대부집	the house of high-class people during the Goryeo and Joseon Dynasties
막걸리	Korean traditional rice wine
제의하다	to suggest
물터	water site

동전	coin
엽전	coin (of old times—brass with square hole)
차려입다	to dress up
길목	the main point on the road, corner, bend, etc.
수군거리다	to whisper
광경	scene
호통을 듣다	to be scolded (lit. to listen to a shout)
부러워하다	to envy
구슬리다	to talk into, cajole
차지하다	to own, to make one's own
꼬시다(꾀다)	to tempt
마지 못한 척	reluctantly
흥정	deal
조상(님)	ancestor
물려받다	to inherit (something) from (someone)
버티다	to resist, persist
포기하다	to give up
냥	currency in old Korea (like 원 in modern Korea)
결정되다	to be decided
아쉬워하다	to miss, to feel the lack of
도장을 찍다	to approve (lit. to rubber-stamp), to seal
망설이다	to hesitate

거래	transaction
입을 다물다	to keep a secret, be silent (lit. to close one's mouth)
자루	sack
둘러메다	to carry over the shoulder
사라지다	to disappear, vanish

V. COMPREHENSION
내용이해 확인

---

1. 선달은 어디서, 누구한테서 한양 상인들 얘기를 들었습니까?

2. 선달은 강가에 나가서 누구를 만났습니까?

3. 선달은 물장수들에게 무엇을 나누어 주었습니까?

4. 다음 날부터 선달은 물터로 가는 길목에서 무엇을 했습니까?

5. 선달에 대한 소문을 듣고 누가 나타났습니까?

6. 상인들은 왜 선달에게 주막으로 가자고 했습니까?

7. 상인들의 제의에 선달은 어떤 태도를 보였습니까?

8. 상인들이 선달과 한 흥정은 무엇이었습니까?

9. 상인들과 선달의 흥정은 쉽게 이루어졌습니까?

10. 마지막으로 결정된 값은 얼마였습니까?

11. 선달은 거래가 끝난 후 상인들에게 무엇을 부탁했습니까?

VI. EXERCISES
연습

---

1. **밑줄 친 말과 뜻이 가장 비슷한 말을 고르세요.**

   Choose the closest words or expressions in meaning to the

   underlined words or expressions.

   ....

   1) 김 선달은 그 날도 다른 날과 <u>마찬가지로</u> 강나루 근처에 있는 주막에서 낮술에 취해 있었습니다.
      ㄱ. 같이
      ㄴ. 달리
      ㄷ. 관계없이
      ㄹ. 비슷하게

   2) 그 순간 김 선달의 머리에는 기발한 생각이 <u>번개처럼 스쳤습니다.</u>
      ㄱ. 잠깐 들었습니다
      ㄴ. 떠나지 않았습니다
      ㄷ. 오래 머물렀습니다
      ㄹ. 빨리 지나갔습니다

3) 상인들은 엽전을 내지 못한 물장수 한 명이 선달
로부터 더 이상 물을 가져갈 수 없다고 <u>호통을
듣는 것을</u> 보았습니다.
   ㄱ. 소리를 지르는 것을
   ㄴ. 혼이 나는 것을
   ㄷ. 조용히 말하는 것을
   ㄹ. 간청하는 것을

4) 상인들은 선달을 <u>구슬려</u> 강을 차지할 생각을 했
습니다.
   ㄱ. 유혹해서
   ㄴ. 만나서
   ㄷ. 기분좋게 만들어서
   ㄹ. 속여서

5) 물론 선달은 <u>마지 못한 척</u> 상인들을 따라 갔습니
다.
   ㄱ. 어쩔 수 없는 듯이
   ㄴ. 아무 말없이
   ㄷ. 아주 좋아하면서
   ㄹ. 어쩔 줄 몰라하며

6) <u>술이 몇 바퀴 돌자</u>, 상인들은 흥정을 시작했습니
다.
   ㄱ. 많이 마셔서 모두 술에 취했을 때
   ㄴ. 술이 더 필요없어 졌을 때
   ㄷ. 분위기가 좋아졌을 때
   ㄹ. 오랜 시간이 지났을 때

7) 값이 결정된 후에도 선달은 아쉬워하며 <u>도장 찍기를 망설였습니다.</u>
   - ㄱ. 빨리 도장을 찍었습니다.
   - ㄴ. 빨리 도장을 찍지 않았습니다.
   - ㄷ. 도장을 꺼내지 않았습니다.
   - ㄹ. 도장이 없다고 했습니다.

8) 선달은 대동강 물을 자기한테서 산 데 대해서 <u>입을 다물어 달라고</u> 상인들에게 부탁했습니다.
   - ㄱ. 사람들에게 얘기하라고
   - ㄴ. 나중에 알려 달라고
   - ㄷ. 아무한테도 말하지 말라고
   - ㄹ. 비밀로 하지 않아도 된다고

2. 보기에서 적당한 단어를 골라 빈칸을 채우세요.
Fill in the blanks with the appropriate word from the examples.

<보기:　　계속　　흥정　　거래　　순간>

1) 한양에서 상인들이 왔다는 말을 듣는 _____ 선달의 머리에는 기발한 생각이 번개처럼 스쳤습니다.

2) 선달은 다음 날도, 그 다음 날도, _____ 그 자리에 앉아서 물값을 받았습니다.

3) 술이 몇 바퀴 돌자 상인들은 대동강 물을 팔라며 _____을/를 시작했습니다.

4) 선달은, "내가 대동강 물을 당신들에게 판 것이 알려지면 좋지 않을 것이니 이_____에 대해서 입을 다물어 주시오." 하고 말했습니다.

3. 설명을 읽고 맞는 단어를 본문에서 찾아 쓰세요.
Write the word from the main text that has the following definition.

1) 물건을 파는 사람: _____

2) 무엇을 하다 중간에 그만두는 것: _____

3) 가방 같이 물건을 넣어 두거나 물건을 운반할 때 쓰는 것: _____

4) 어떻게 하자고 의견을 내는 것: _____

5) 길의 중요한 곳: _____

6) 옛날 동전: _____

4. 관계있는 것끼리 연결하세요.
Connect the related words.

1) 낮술에 　　　　　ㄱ. 스치다

2) 번개처럼 　　　　ㄴ. 둘러메다

3) 입을 　　　　　　ㄷ. 취하다

4) 어깨에 　　　　　ㄹ. 다물다

5. 보기와 같이 단어를 만들어 보세요.

Make the words as in the example.

<보기: 물터 → 물을 가져 가는 곳>

1) _____: workplace (hint: 일하다)

2) _____: marketplace (장)

3) _____: playground (놀이하다)

4) _____: empty place (hint: 비다)

5) _____: house/building site (집)

6. 나머지 셋과 가장 관계가 먼 것을 하나 고르고 셋의 공통점을 영어로 쓰세요.

Choose the word that is least related to the other three and write in English what the other three have in common.

1) ㄱ. 주막   ㄴ. 물터
   ㄷ. 광경   ㄹ. 길목

_____

2) ㄱ. 흥정   ㄴ. 차지
   ㄷ. 거래   ㄹ. 도장

_____

3) ㄱ. 호통   ㄴ. 상인
   ㄷ. 사대부   ㄹ. 조상

_____

7. 주어진 동사가 잘못 쓰인 것을 하나 고르세요.

Choose the expression that is incorrectly used with the given verb.

....

1) 취하다
   ㄱ. 술에 취하다   ㄴ. 돈에 취하다
   ㄷ. 잠에 취하다   ㄹ. 사랑/음악에 취하다

2) 듣다
   ㄱ. 호통을 듣다   ㄴ. 소문을 듣다
   ㄷ. 수업을 듣다   ㄹ. 흥정을 듣다

3) 찍다
   ㄱ. 생각을 찍다   ㄴ. 사진을 찍다
   ㄷ. 도장을 찍다   ㄹ. 지문을 찍다

8. 질문에 대답하세요.

Answer the following questions.

....

1) 여러분은 어떤 사람이 제일 부러워요?

2) 여러분은 언제 옷을 잘 차려입어요?

3) 여러분은 요즘 무엇이 제일 아쉬워요?

VII. QUESTIONS FOR DISCUSSION AND COMPOSITION
토론과 작문 질문

---

1. 이 이야기에 묘사된 (depicted) 김 선달은 어떤 사
   람이에요? 여러분 주위에 김 선달과 같은 사람이
   있어요? 있으면 그 사람에 대해서 얘기해 보세요.

2. 여러분은 김 선달 같은 사람을 좋아해요? 왜요? 안 좋아해요? 왜요?

3. 상인들은 어떤 사람들이에요?

4. 이 이야기의 주제는 뭐라고 생각해요?

5. 이 이야기는 당시 한국사회의 모습을 간접적 (indirectly)으로 보여주고 있습니다. 어떤 모습을 볼 수 있어요? 어떻게 알 수 있어요?

6. 이 이야기에서 유머스러운 요소가 있다면 (humorous element) 무엇인지 토론해 보세요.

7. 선달이 사용한 전략(strategy)은 효과적입니까? 어떻게 생각해요?

   선달의 행동은 합리화 (justified) 될 수 있습니까?

8. 이 이야기가 앞의 이야기들과 다른 점이 있다면 어떤 점에서 그렇습니까?

VIII. ACTIVITIES AND TASKS
관련활동과 과제

---

1. 이 이야기가 여기서 끝나지 않았다고 생각해 보세요. 그리고 계속해서 이야기를 만들어 보세요. 김 선달은 그 돈을 어떻게 했을까요? 대동강 물을 산 상인들은 어떻게 되었을까요?

2. 위의 이야기를 드라마 대본(script)으로 다시 써 보세요.

3. 주인공인 김 선달에게 편지를 써 보세요. 무슨 말을 하고 싶어요?

4. 여러분이 알고 있는 이야기 중에 이 이야기와 비슷한 이야기가 있어요? 있으면 어떤 이야기인지 써 보세요.

5. 이 이야기에 그려진 김 선달의 행동은 한국사람들의 유머와 위트(wit)를 잘 보여주고 있습니다. 한국인의 유머는 어떤 특성이 있는지 연구해서 발표해 보세요.

IX. LEARNING ABOUT CULTURE
More about Kim Seon-Dal

Kim Seon-Dal is probably one of the most famous characters in traditional Korean stories, along with Kim Sat-Gat and Hong Gil-Dong. Kim Seon-Dal is known to be from Pyeongyang. He went to Hanyang (the capital of Korea) to advance in his career, but could not succeed due to discrimination against people from the Northwestern region and his low lineage. Dismayed by the unlikely prospects of accomplishing his dream, he wandered around the country giving a hard time to powerful nobility, rich merchants, and religious hypocrites. Most stories about him showcase his extraordinary character by emphasizing the fact that his behaviors were motivated by critical reflection and satire on the political reality of his time.

Seon-Dal's name is always preceded by his nickname *bongi*, which originated from the following story. "One day, Seon-Dal went to the market to sightsee and kill some time, and happened to pass by a chicken store. Seeing a uniquely big and good-looking chicken in the chicken house, Seon-Dal called for the owner and asked if that chicken was not a *bong* (Chinese phoenix). When Seon-Dal kept asking the question pretending to be a naïve country chick, who seemed to have seen nothing of life, the chicken seller, who had been denying that the chicken was a *bong*, finally agreed that it was a *bong*. Seon-Dal paid a high price (because he was buying a *bong*, not a chicken) and bought that chicken. Then he rushed to the village headman and offered it to him. The village headman got very angry at Seon-Dal for the chicken and whipped Seon-Dal badly. Seon-Dal told the headman that he was only cheated by the chicken seller and that he was indeed the victim of fraud. The village headman ordered his subjects to bring the chicken seller to him. Consequently, the chicken seller not only had to repay the price for the chicken that Seon-Dal bought from him but also had to compensate for the whipping that Seon-Dal suffered from the village headman."

Because Seon-Dal gained a profit by passing off a chicken as a *bong*, he acquired the nickname *bongi* since that incident. Even in modern days, *bong* refers to someone who is frequently taken advantage of by others because of his or her ignorance of the state of things.

There are quite a few stories that describe Seon-Dal's fearless, gutsy, humorous or even silly behaviors. Kim Seon-Dal stories are usually labeled as "character folk tales," which have a close relationship with the historical situation of the late Joseon Dynasty. Kim Seon-Dal stories have an important literary meaning; like other satirical characters of that period, they demonstrate new types of people who reflect the changing society of the time. While Seon-Dal could be seen as an outcast or a good-for-nothing scamp in his community, his behaviors speak for oppressed and powerless people and bring justice to society.

관련 속담

(1) 닭이 천이면 봉이 한 마리

Where there are 1,000 chickens, there is one Chinese phoenix.

Meaning: There are always one or two outstanding persons in the crowd.

X. ENGLISH TRANSLATION OF THE STORY

On that day, like any other day, Kim Seon-Dal went to a tavern near a river for stories and drinks. Then he heard from the owner of the tavern that merchants had arrived in Pyeongyang from Hanyang. At that moment, a thought came into Kim Seon-Dal's head like a lightbulb. Seon-Dal went to the riverside and met water carriers who were delivering water to the house of a nobleman. He proposed to the water carriers, "The weather's so hot; let's have a drink or something." Together they were drinking wine when Seon-Dal said to the water carriers, "Starting tomorrow, every time you fetch water from the well, please give me a coin." While he was talking, he handed them some coins.

The next day, Seon-Dal picked out very nice clothes and, sitting by the road at the main access point to the water source, received the coins that were given. People passing by, seeing Seon-Dal receive money, whispered to each other as if they didn't understand what was going on. The next day, and the next, and the day after that, Seon-Dal continually sat there catching coins.

At long last, five or six merchants who had heard the rumors appeared and watched the spectacle. One water carrier who could not give any more coins was scolded by Seon-Dal, who told him that he could not take any more water. Curious merchants asked what was happening. The water carrier replied, "The old man says that the Daedong River is his, so he's yelling at me because I don't have the money to pay for water."

The merchants who had heard this tale became envious of Seon-Dal, who owned the Daedong River. Thereby, they thought about talking Seon-Dal into selling the river. So they tempted Seon-Dal to go to the tavern to have a drink. Of course, Seon-Dal feigned ignorance and followed the merchants reluctantly. After they all had a few rounds of wine, the merchants started to bargain for the Daedong River. Seon-Dal, insisting that it was ground inherited from his ancestors, said that he could not sell it. The merchants did not give up. The price rose higher and higher. They offered from 1000 *nyang* to 2000 *nyang*, then finally settled on 4000 *nyang*. Even after the settlement, Seon-Dal was hesitant and did not want to sign the agreement. He warned them, "If it is known that the Daedong River has been sold to the people who are not from this area, it will not be good for any of us. Therefore, please keep quiet about this arrangement." And Seon-Dal disappeared hurriedly, carrying the sack of 4000 *nyang* over his shoulder.

열녀 춘향
FAITHFUL WOMAN
CHUN-HYANG

1. Core Vocabulary:

양반	gentry class, nobleman
상민	commoner
기생	court entertainer
신분	social status
전근	transfer to a new job
이별	separation
과거시험	national civil service examination
암행어사	royal emissary traveling in disguise

2. Grammar:

~았/었다가	expresses change in momentum after the end of an earlier action

3. Expressions:

바람을 쐬다	to enjoy a fresh breath of air, to take a break from study or work
첫눈에 반하다	to fall in love at first sight
꿈을 꾸다	to dream, to hope for
사랑이 깊어가다	love deepens
술시중을 들다	to wait on, serve people for a drink
감옥에 가두다	to incarcerate
죄를 짓다	to commit a crime, sin

잔치를 열다/ 잔치가 벌어지다	to throw a party
고개를 숙이다	to lower one's head
꿈에 그리다	to dream of, yearn for

---

1. 여러분이 잘 알고 있는 사랑이야기는 어떤 것이 있어요? 이 이야기들은 왜 유명해요?

2. 옛날 한국사회에서 신분이 다른 사람들이 사랑하는 데 어떤 어려움이 있었을까요?

3. 이 이야기의 제목에 나오는 '열녀'는 무슨 뜻입니까?

4. 몽룡과 춘향의 사랑은 어떻게 될까요? 행복하게 끝날까요?

III. MAIN STORY
본문

옛날 전라도 남원이라는 곳에 이 몽룡이라는 남자와 성 춘향이라는 여자가 살고 있었습니다. 그런데, 몽룡은 양반의 아들이었고 춘향은 월매라는 옛 기생의 딸이었습니다. 어느 날, 몽룡은 바람을 쐬러 나갔다가 공원에서 그네를 타고 있는 춘향을 보고

첫눈에 반했습니다. 양반과 상민이 데이트하는 것은 꿈도 꿀 수 없는 때였지만 몽룡의 하인인 방자와 춘향의 몸종인 향단의 도움으로 몽룡은 춘향을 만났습니다. 그런데 두 사람은 서로 신분이 달라서 부모님 몰래 만나야 했습니다. 특히 몽룡의 부모님이 아시면 큰일이 날 것이었습니다. 물론, 춘향의 엄마 월매는 딸이 양반 아들을 만나는 것을 알고 한편으론 기분이 좋으면서도 한편으론 걱정을 했습니다.

몽룡과 춘향의 사랑이 점점 깊어가는데 어느 날 몽룡의 아버지가 한양으로 전근을 가게 되었습니다. 몽룡과 춘향의 사랑에 대해 모르는 몽룡의 아버지는 아들에게 어머니를 모시고 먼저 한양으로 떠나라고 명령했습니다. 몽룡은 춘향과 헤어질 수 밖에 없었습니다. 이별이 슬프고 가슴이 아팠지만 두 사람은 자주 연락하기로 약속하고 헤어졌습니다. 그러나 한양으로 간 몽룡은 오랫동안 아무 연락이 없었습니다. 춘향을 보고 싶은 마음을 꾹 참고 과거시험 공부만 열심히 했기 때문입니다.

한편, 몽룡 가족이 떠난 후 남원에는 새 사또가 왔는데, 이 사또는 사람들한테서 아름다운 춘향이 얘기를 들었습니다. 일에는 관심이 없고 술과 여자를 좋아하는 타락한 이 사또는 자주 잔치를 열었고 그때마다 춘향이한테 술시중을 들라고 했습니다. 몽룡이만 생각하고 사랑하는 춘향이는 물론 거절했습니다. 사또는 자기 말을 듣지 않는 춘향이한테 너무 화가 나서 마침내 춘향이를 감옥에 가두었습니다. 그리고 협박과 유혹을 계속했지만 춘향이의 마음은 결코 변하지 않았습니다. 사또는 결국 춘향이를 죽이기로 했습니다.

춘향이 이렇게 어려움을 겪고 있는 동안 서울에 있는 몽룡은 과거시험에 합격했습니다. 그리고 암행어사가 되어 거지 모습을 하고 남원으로 내려왔습니다. 몽룡은 먼저 월매를 찾아갔습니다. 그러나 월매는, 거지같은 몽룡의 모습에 너무 실망해서 춘향이를 보러 가지도 못하게 했습니다. 향단이가 이것을 보고 춘향이를 찾아가 소식을 전해 주었습니다. 사랑하고 기다리던 님이 거지가 되어 나타났다는 소식을 듣고도 춘향이는 조금도 실망하지 않았습니다.

사또의 생일날 관가에서는 큰 잔치가 벌어졌습니다. 그리고 이 날 춘향이도 사약을 받고 죽게 되어 있었습니다. 관가 마당에 끌려나온 춘향이는 마음을 바꾸면 살려주겠다는 사또의 마지막 제의도 거절하고 사약을 마시려고 했습니다. 바로 그때, 암행어사 이몽룡이 멋있는 관복을 입고 나타났습니다. 부채로 얼굴을 가린 몽룡은 춘향에게 무슨 죄를 지었는지 물었습니다. 그리고 살려주면 자기 부탁을 들어 줄지 물었습니다. 몽룡은 춘향을 마지막으로 시험하고 있었습니다. 이 사람이 누군지 모르는 춘향이는 고개를 숙인 채 똑같은 대답을 했습니다. "제가 사랑하는 사람은 이 몽룡 도련님 한 분 뿐입니다. 그러니까 차라리 저를 빨리 죽여 주십시오." 이 말을 듣고 몽룡은 깊은 감동을 받았습니다. 몽룡은 조용히 춘향의 고개를 들고 자기 얼굴을 보여 주었습니다. 춘향이는 꿈에 그리던 님을 눈앞에서 보고 너무 행복해서 울었습니다. 몽룡은 타락한 사또를 감옥에 가두고 춘향이를 구했습니다. 몽룡은 남원의 새 사또가 되었고 춘향과 함께 오래오래 행복하게 살았습니다.

양반	gentry class, nobleman
기생	court entertainer
바람을 쐬다	to enjoy a breath of fresh air, to take a break from study or work
공원	park
그네	swing
첫눈에 반하다	to fall in love at first sight
상민	commoner
하인	male servant
몸종	maid, personal assistant
신분	social status
특히	especially
큰일(이) 나다	to be in big trouble
한편으로(는)	on the one hand
전근(을) 가다	to transfer to a new job
헤어지다	to depart, separate
이별	separation
연락하다	to contact
약속하다	to promise
과거시험	civil service exam
사또	village magistrate/governor
타락하다	to corrupt
잔치를 열다	to throw a party, to give a banquet
술시중을 들다	to wait on, serve people a drink
거절하다	to refuse
감옥에 가두다	to incarcerate

협박	threat
유혹	temptation
어려움	hardship, difficulty
합격하다	to pass (an exam)
암행어사	royal emissary traveling in disguise
거지	beggar
실망하다	to be disappointed
소식	news
사약	poisonous medicine
관복	official government uniform
부채	fan
죄를 짓다	to commit a crime, sin
시험하다	to test
고개를 숙이다	to lower one's head
도련님	term of address for a son of the gentry class
차라리	rather
꿈에 그리다	to dream of, yearn for
구하다	to save

V. COMPREHENSION
내용이해 확인

ı. 몽룡과 춘향은 부모님 몰래 만나야 했습니다. 왜
  냐하면, _____.
    ㄱ. 서로 신분이 달랐기 때문입니다.
    ㄴ. 춘향 집이 가난했기 때문입니다.
    ㄷ. 월매가 몽룡이를 싫어했기 때문입니다.

2. 몽룡과 춘향은 서로 사랑했지만 헤어져야 했습니다. 왜냐하면, _____.
   ㄱ. 두 사람이 결혼하지 않았기 때문입니다.
   ㄴ. 월매가 다른 곳으로 이사를 갔기 때문입니다.
   ㄷ. 몽룡 아버지가 한양으로 전근을 갔기 때문입니다.

3. 새로 남원에 온 사또는 춘향을 불렀습니다. 왜냐하면, _____.
   ㄱ. 춘향이가 예쁘니까 춘향이 술시중을 받고 싶어서입니다.
   ㄴ. 잔치를 열어 주기 위해서입니다.
   ㄷ. 몽룡의 소식을 전해 주기 위해서입니다.

4. 춘향이는 사또의 유혹과 협박에도 그의 청을 들어주지 않았습니다. 왜냐하면, _____
   ㄱ. 월매가 걱정했기 때문입니다.
   ㄴ. 사또가 욕심이 많은 사람이었기 때문에 싫어서입니다.
   ㄷ. 몽룡이만 사랑했기 때문입니다.

5. 몽룡이 암행어사로 남원에 다시 왔을 때 춘향을 곧 만나지 못했습니다. 왜냐하면, _____
   ㄱ. 거지 모습으로 왔기 때문입니다.
   ㄴ. 춘향이가 감옥에 있었기 때문입니다.
   ㄷ. 춘향이를 빨리 만나고 싶지 않았기 때문입니다.

6. 몽룡은 암행어사로 나타나서 부채로 얼굴을 가리고 춘향에게 무슨 죄를 지었는지 물었습니다. 왜냐하면, _____
   ㄱ. 춘향의 사랑을 시험해 보고 싶었기 때문입니다.
   ㄴ. 얼굴을 보여 주기 싫었기 때문입니다.
   ㄷ. 춘향을 놀라게 해 주고 싶었기 때문입니다.

7. 몽룡은 사또를 감옥에 가두었습니다. 왜냐하면, _____.
   ㄱ. 욕심 많고 나쁜 일을 많이 했기 때문입니다.
   ㄴ. 자기가 새 사또가 되고 싶었기 때문입니다.
   ㄷ. 춘향이가 사또를 싫어했기 때문입니다.

1. 춘향은 누구의 딸이었고 몽룡은 누구의 아들이었습니까?

2. 몽룡은 어디서 춘향을 처음 보았습니까?

3. 춘향과 몽룡은 처음에 누구의 도움으로 만나게 되었습니까?

4. 춘향과 몽룡은 왜 부모님 몰래 만나야 했습니까?

5. 춘향의 엄마인 월매는 춘향이 몽룡을 만나는 것에 대해서 어떻게 생각했습니까?

6. 춘향과 몽룡은 왜 헤어지게 되었습니까?

7. 한양으로 간 몽룡은 왜 오랫동안 아무 연락이 없었습니까?

8. 남원에 새로 온 사또는 어떤 사람이었습니까?

9. 새 사또는 춘향이한테 무엇을 부탁했습니까?

10. 춘향이는 왜 사또의 청을 거절했습니까?

11. 사또는 자기 말을 듣지 않는 춘향이를 어떻게 했습니까?

12. 몽룡은 왜 거지 모습을 하고 남원에 내려왔습니까?

13. 월매는 왜 몽룡이가 춘향이를 보러 가지 못하게 했습니까?

14. 몽룡이 남원에 다시 온 것을 누가 춘향이에게 전해 주었습니까?

15. 춘향이는 언제 죽게 되어 있었습니까?

16. 몽룡은 언제 춘향이 앞에 나타났습니까?

17. 몽룡은 춘향이한테 무슨 질문을 했습니까?

18. 몽룡은 왜 춘향의 대답에 감동을 받았습니까?

19. 춘향이는 왜 울었습니까?

20. 춘향과 몽룡은 그 후 어떻게 되었습니까?

1. 밑줄 친 말과 뜻이 가장 비슷한 말을 고르세요.

   Choose the closest words or expressions in meaning to the
   underlined words or expressions.

   ....

   1) 몽룡은 춘향이를 보고 <u>첫눈에 반했습니다</u>.
      ㄱ. 마음에 들지 않았습니다
      ㄴ. 곧 사랑에 빠졌습니다
      ㄷ. 데이트를 시작했습니다
      ㄹ. 다시 보고 싶었습니다

   2) 몽룡은 열심히 공부해서 과거시험에 <u>합격했습니다</u>.
      ㄱ. 붙었습니다
      ㄴ. 떨어졌습니다
      ㄷ. 일등을 했습니다
      ㄹ. 실패했습니다

   3) 몽룡의 아버지가 <u>전근을 가게 되어</u> 두사람은 헤어졌습니다.
      ㄱ. 집을 옮기게 되어
      ㄴ. 직장을 옮기게 되어
      ㄷ. 일을 끝내게 되어
      ㄹ. 일을 그만두게 되어

   4) 춘향이는 사또의 청을 <u>거절했습니다</u>.
      ㄱ. 들어주었습니다
      ㄴ. 알지 못했습니다

ㄷ. 들어주지 않았습니다

ㄹ. 모른 척 했습니다

5) 몽룡은, 자기만 사랑한다는 춘향의 말에 <u>깊은 감동을 받았습니다</u>.

ㄱ. 마음이 움직였습니다

ㄴ. 관심을 보였습니다

ㄷ. 못 들은 척 했습니다

ㄹ. 이상하게 생각했습니다

6) 몽룡은 춘향이를 <u>구하고</u> 사또를 감옥에 가두었습니다.

ㄱ. 죽이고

ㄴ. 살려주고

ㄷ. 만나고

ㄹ. 버리고

2. 적당한 단어를 골라서 빈칸을 채우세요.

Choose the most appropriate word for the blank.

1) 옛날에는 양반과 상민같이 _____이/가 다른 사람들은 결혼할 수 없었다.

ㄱ. 취미   ㄴ. 생각

ㄷ. 신분   ㄹ. 고향

2) 나쁜 일을 한 사람이나 죄를 지은 사람들은 _____에 가두었다.

ㄱ. 창고   ㄴ. 지하실

ㄷ. 집   ㄹ. 감옥

3) 기생은 양반들의 술자리에서 노래도 부르고
_____도 들었다.
ㄱ. 술시중   ㄴ. 시
ㄷ. 이야기   ㄹ. 소문

4) 몽룡이 거지모습으로 나타났기 때문에 월매는
너무_____해서 몽룡을 쳐다보지도 않았다.
ㄱ. 감동   ㄴ. 행복
ㄷ. 실망   ㄹ. 이상

5) 사또는 자주_____을/를 열어 기생들과 즐겁게
놀았다.
ㄱ. 잔치   ㄴ. 대문
ㄷ. 마음   ㄹ. 기회

6) 향단이가 감옥에 있는 춘향에게 몽룡의_____
을/를 전해 주었다.
ㄱ. 걱정   ㄴ. 이별
ㄷ. 소식   ㄹ. 사랑

3. 보기에서 적당한 말을 골라 빈 칸을 채우세요.
Fill in the blanks with the appropriate word from the examples.

···

<보기: 몰래   점점   차라리   결코   물론>

1) 몽룡과 춘향은 서로 신분이 달라서 부모님
_____ 만나야 했습니다.

2) 몽룡과 춘향의 사랑이_____ 깊어가는데
어느 날 몽룡의 아버지가 서울로 전근을 가게 되
었습니다.

3) 몽룡이만 생각하고 사랑하는 춘향이는
_____ 사또의 제의를 거절했습니다.

4) 협박과 유혹을 계속했지만 춘향이의 마음은
_____ 변하지 않았습니다.

5) 춘향은 몽룡에게 "제가 사랑하는 사람은 이 몽룡
도련님 한 분 뿐입니다. 그러니까_____저
를 빨리 죽여 주십시오." 하고 말했습니다.

4. 설명을 읽고 맞는 단어를 본문에서 찾아 쓰세요.
*Write the word from the main text that has the following
definition.*

1) 양반, 상민처럼 한 사람이 속한 계층(class):

_____

2) 일하는 곳이나 직장을 옮기는 것: _____

3) 헤어짐의 다른 말: _____

4) 편지, 전보, 전화, 이-메일등으로 다른 사람과 이
어지는 것: _____

5) 생일, 결혼, 돌 등 특별한 일이 있을 때 여는 파
티: _____

6) 죄를 짓거나 나쁜 일을 한 사람들을 가두어 두는
곳: _____

7) 부탁을 받아들이지 않는 것: _____

8) 시험에 붙는 것: _____

9) 어떻게 하라고 시키는 것: _____

10) 나쁜 목적으로 겁을 주는 것: _____

5. 관계있는 것끼리 연결하세요.
Connect the related words or corresponding meanings.

....

1) 바람을   ㄱ. 짓다

2) 첫눈에   ㄴ. 쐬다

3) 술시중을   ㄷ. 가두다

4) 감옥에   ㄹ. 열다

5) 죄를   ㅁ. 들다

6) 잔치를   ㅂ. 반하다

....

1) 첫눈에 반하다   ㄱ. 보고 싶지 않다, 자신이 없다

2) 꿈에 그리다   ㄴ. 아주 보고 싶다

3) 고개를 숙이다   ㄷ. 사랑에 빠지다

6. 나머지 셋과 가장 관계가 먼 것을 고르세요.

Choose the word that is least related to the other three.

1. ㄱ. 기생   ㄴ. 하인
   ㄷ. 상놈   ㄹ. 양반

2. ㄱ. 유혹   ㄴ. 암행어사
   ㄷ. 합격   ㄹ. 과거시험

3. ㄱ. 죄   ㄴ. 잔치
   ㄷ. 부패   ㄹ. 감옥

7. 아래에 주어진 단어의 반대말을 본문에서 찾아 쓰세요.

Write the antonyms of the following words or expressions from the main text.

1) 상놈: _____

2) 처음으로: _____

3) 만나다: _____

4) 받아들이다: _____

5) 숨기다: _____

6) 고개를 숙이다: _____

8. 질문에 대답하세요.

Answer the following questions.

1. 옛날 양반집에는 집안일을 도와주는 사람들이 있었습니다. 이들을 뭐라고 불렀습니까?

2. 조선시대에는 관리(government official)가 되려면 이 시험에 합격해야 했습니다. 이 시험을 뭐라고 불렀습니까?

3. 관리들이 입던 옷을 뭐라고 불렀습니까?

4. 양반집 아들들을 부르던 말은 무엇이었습니까?

9. 본문의 내용을 바탕으로 빈 칸을 채워서 이야기를 완성해 보세요.

Fill in the blanks and complete the story based on the main text.

옛날 어느 마을에 춘향이와 몽룡이가 살고 있었습니다. 몽룡은 춘향이를 보고 _____에 반해 사랑하게 되었습니다. 그런데 몽룡은 _____의 아들이었고 춘향은 _____의 딸이었습니다. 서로_____이 달라서 결혼을 할 수 없었지만 두 사람은 부모님 몰래 만났습니다. 어느 날, 몽룡의 아버지가 한양으로 _____을/를 가게 되어 두 사람은 헤어지게 되었습니다. 몽룡의 가족이 떠난 후 남원에는 새 사또가 왔는데 이 사또는 아주 _____한 관리였습니다. 술과 여자만 좋아해서 자주 _____을/를 열었고 춘향을 불러서 _____을/를 들게 하려 했지만 춘향은 이 부탁을 _____ 했습니다. 그래

서 사또는 자기 생일에 춘향을 죽이려 했는데 마침
그 때_____에 합격한 이몽룡이 _____이/
가 되어 나타났습니다. 몽룡은 변사또를 _____ 에
가두고 춘향이를 구했습니다. 두 사람은 오래 오래
행복하게 살았습니다.

VII. QUESTIONS FOR DISCUSSION AND COMPOSITION
토론과 작문 질문

---

1. 이 이야기에서 보여지는 당시 한국사회의 (Korean
   society of that period) 모습은 어떤 것이었습니까?

2. 이 이야기는 무엇에 대한 이야기입니까? 주제가
   무엇입니까?

3. 몽룡이 마지막에 춘향을 시험한 것에 대해 여러
   분은 어떻게 생각합니까?

4. 여러분이 춘향이었다면 어떻게 했을 것 같아요?
   왜요?

5. 이 이야기에서 그려지고 있는 사랑은 어떤 사랑
   입니까? 춘향의 관점에서 생각해 보세요. 그리고
   몽룡의 관점에서 생각해 보세요.

6. 여러분은 누구에게 '첫눈에 반해' 본 일이 있습
   니까? 있으면 그 경험에 대해 얘기해 보세요.

관련활동과 과제

1. 이 이야기를 현대를 배경으로 다시 써 보세요.

2. <춘향전>은 드라마와 영화로 여러 번 만들어 졌습니다. 2000년에 나온 임 권택 감독의 <춘향뎐>을 보고 이 이야기와 다른 점을 토론해 보세요.

3. 이 이야기에서 여러분이 가장 마음에 드는 부분을 골라 드라마로 만들어 보세요.

    (예, 춘향과 몽룡의 이별장면)

4. '사랑'에 대한 생각은 시대에 따라 변합니까? 변한다면 어떻게 변해 왔습니까? 어떤 사랑이 진실한 사랑일까요? 여러분의 '사랑론' (on love)을 써서 친구들과 나누어 보세요.

5. 이 이야기의 구조(structure)를 분석(analysis)해 보세요. 그런 다음, 다른 이야기들의 구조와 비교해 보세요.

    (예, 발단: beginning, 전개: development, 갈등: conflict/problem, 해결: resolution, 결말: ending)

6. '미스 춘향' 뽑기 대회(contest)를 열어 봅시다.

1. *Gwageo* (National Civil Service Exam)

In the tenth century, King Kwang-jong of the Goryeo Dynasty insti-
tuted the civil service exam, or *gwageo* (과거), to recruit accomplished
government officials. Since the pool of candidates from the ruling
class was quite broad, the examinations were conducted with strict
objectivity to provide equal opportunities for all the applicants. The
examinations were supposed to be held every three years, but in
fact they were offered more frequently as special examinations to
commemorate important national events.

The *gwageo* was offered in three categories of service: civil, mili-
tary, and miscellaneous. Proficiency in the Chinese classics was the
main qualification for government service. The gwageo was a part of
Korean society until the late nineteenth century, when it was set aside
as Korea modernized and adopted more Western customs. However,
annual reenactments of the *gwageo* still take place in Seoul today.

2. *Yeolnyeo-mun* (Monument for a Faithful Woman)

The type of traditional monument called *yeolnyeo-mun* (열녀문) was
built in memory of a woman who showed great marital fidelity and/or
filial piety to her parents-in-law. These monuments, which could be
created only with the king's permission, commemmorated exemplary
women as an example for posterity.

Filial piety was one of the most important virtues in Joseon society,
and during the Joseon Dynasty there were also monuments called
hyoja-mun (효자문) created to honor filial sons who had served their
parents in an outstanding manner.

3. *Amhaengeosa* (Royal Emissary Traveling in Disguise)

Amhaengeosa (암행어사) refers to a government official whose
primary duty was inspecting local areas in disguise by the king's special
order. It was a unique system practiced during the Joseon Dynasty
(1392–1910). In the beginning, secret inspection was prohibited

because it would break the trust between the king and his subjects. However, secret inspection was allowed beginning in the King Seongjong period, since corruption of the local officials was becoming a more and more serious problem. The system reached its fully developed form in the sixteenth century.

Amhaengeosa were selected from among the young officials, and were either directly appointed by the king or were chosen by the king from the candidates recommended by the *ueojeongbu* (state council of Joseon Dynasty), which is equivalent to the office of the Prime Minister in modern Korea. Each *amhaengeosa* also carried an appointment letter which stipulated his duties called *bongseo* (봉서) and an identification card called *mapae* (마패). In the early days of the system, an *amhaengeosa* was not supposed to report on illegal activities of the towns that he was passing by on his mission. He was ordered to inspect only the town of his appointment. However, towards the end of the seventeenth century the system went through some major changes; the *amhaengeosa's* duties were expanded as his role became more vital for maintaining and ensuring order for local officials.

An *amhaengeosa* performed his duties through two major venues: *chuldo* (출도) and *bokmyeong* (복명). *Chuldo* refers to the *amhaengeosa's* appearance in the government building when required, and *bokmyeong* refers to the report submitted to the king after the completion of his mission. *Bokmyeong* not only contained the results of his inspection, but also included his suggestions and solutions to the problems that he diagnosed during his inspection. This was an important part of the evaluation materials for the *amhaengeosa's* career progress, as well.

(1) 암행어사 (평양감사)도 제 싫으면 그만

No matter how good something (the position of *amhaengeosa* or governor of Pyeongyang) is,it means nothing if one doesn't want it.

Meaning: You can lead a horse to water, but you can't make it drink.

X. ENGLISH TRANSLATION OF THE STORY

A long time ago in Namwon, Jeollado, there lived a boy named Lee Mong-Ryong and a girl named Seong Chun-Hyang. Mong-Ryong was the son of a nobleman, and Chun-Hyang was the daughter of a former court entertainer called Wol-Mae. One day, Mong-Ryong went to get some fresh air at the park. He saw Chun-Hyang swinging on a swing and fell in love at first sight. A date between a nobleman and a commoner could not even be dreamed of, but with the help of Mong-Ryong's servant Bang-Ja and Chun-Hyang's maid Hyang-Dan, Mong-Ryong met Chun-Hyang. But because they were of different classes, they had to meet secretly without their parents knowing. Particularly if Mong-Ryong's parents knew, they would get in big trouble. Of course Chun-Hyang's mother Wol-Mae was, on one hand, happy that her daughter was dating the son of a nobleman but, on the other hand, was also worried.

Mong-Ryong and Chun-Hyang's love became deeper, but one day his father was transferred to Hanyang. His father did not know about Mong-Ryong and Chun-Hyang's love, and ordered Mong-Ryong to take his mother to Hanyang first. Mong-Ryong had no choice but to leave Chun-Hyang. Although the separation was sad and their hearts were broken, the two people promised to keep in touch. However, Mong-Ryong, who went to Hanyang, did not get in touch with Chun-Hyang for a long time. This was because Mong-Ryong suppressed his desire to see Chun-Hyang and studied very hard to pass his exams.

Meanwhile, after Mong-Ryong's family left, a new village magistrate arrived in Namwon. This village magistrate had heard from people about beautiful Chun-Hyang. The corrupted village magistrate, who was not interested in working but liked drinking and women, often threw parties and asked Chun-Hyang to wait on him. Loving only Mong-Ryong, Chun-Hyang refused. The village magistrate was so angered by her refusal that he put her in jail. And although he continued to threaten and tempt Chun-Hyang, she did not change her mind. Finally, the village magistrate decided to put her to death.

While Chun-Hyang was suffering this hardship, in Hanyang Mong-Ryong passed his civil service exams. Traveling incognito, he disguised himself as a beggar and came back to Namwon. Mong-Ryong went to see Wol-Mae first. But Wol-Mae refused to allow him to see Chun-Hyang because she was so disappointed by Mong-Ryong's disrespectable appearance. Seeing this, Hyang-Dan told Chun-Hyang the news. Even after hearing the news that her lover who she loved and waited for had shown up as a beggar, Chun-Hyang was not disappointed at all.

On the village magistrate's birthday, there was a huge celebration banquet at his official building. Also on this day, Chun-Hyang was to be killed by poisonous medicine. She was dragged out to the courtyard of the official building and was about to drink the medicine, after refusing the governor's last offer that he would save her life if she would change her mind. Right at that moment, Lee Mong-Ryong showed up in a majestic royal uniform. Hiding his face with a fan, Mong-Ryong asked Chun-Yang what her crime was. Then he said he would save her life if she would submit to him. Mong-Ryong was testing Chun-Yang for the last time. Not knowing who this person was, Chun-Hyang keeping her head down and repeated herself. "The only person I love is Lee Mong-Ryong. Therefore, I would sooner die." Hearing this,

Mong-Ryong was deeply touched. Without a word, Mong-Ryong lifted her head and showed his face to her. Chun-Hyang, having seen the person she had only been able to dream about, became so happy that she cried. Mong-Ryong put the depraved village magistrate in jail and saved Chun-Hyang. Mong-Ryong became the new village magistrate of Namwon, and he and Chun-Hyang lived happily ever after.

효녀 심청

FILIAL DAUGHTER
SIM-CHEONG

1. Core Vocabulary:

봉사	blind person
딸	daughter
키우다	to raise (children, animals), grow (vegetables, trees)
자라다	to grow
중	Buddhist monk
쌀 삼백 석	three hundred *seok* of rice (*seok*: measurement unit used in old Korea)
눈을 뜨다	to regain one's eyesight (lit. to open one's eyes)
어부	fisherman
연꽃	lotus flower
임금님	king
용왕님	sea king
효심	filial heart

2. Grammar:

~냐고 묻다	ask if (indirect quotation)
~라고 하다	say that (indirect quotation)
~다고 약속하다	promised that

3. Expressions:

무럭무럭 자라다	to grow rapidly
마음씨가 착하다	to be good-hearted

정성껏 모시다   to take care of someone with utmost care

제 정신이 들다   to come back to one's senses

II. WARM-UP
준비학습

---

1. 여러분은 '효(도)'에 대해 들어 보았습니까? '효'는 무엇입니까?

2. 한국사회에서 효자, 효녀는 어떤 사람일까요?

3. 이 이야기에서 심청은 어떻게 효도를 했을까요?

4. 중, 어부, 임금님은 청이와 어떤 관계에 있을까요?

III. MAIN STORY
본문

옛날 황해도 어느 마을에 심 학규라는 봉사가 살고 있었습니다. 심봉사는 아름다운 여자와 결혼해서 예쁜 딸을 하나 낳았습니다. 그런데 불행히도 심봉사의 아내는 딸을 낳고 곧 병이 들어 죽었습니다. 여러가지 어려움 속에서도 심봉사는 혼자서 딸 청이를 잘 키웠고 청이는. 무럭무럭 잘 자랐습니다. 그리고 예쁘고 마음씨도 아주 착해서 동네사람들이 다 청이를 좋아했습니다. 청이는 불쌍한 아버지를 도

와 밥도 하고 빨래도 하고 모든 집안일을 다 했습니다. 그리고 아버지를 정성껏 모셨습니다. 청이의 착한 행동은 이웃마을에도 알려져서 그 마을에 사는 어떤 부인이 청이를 만나고 싶어서 사람을 보냈습니다. 청이는 그 부인의 집에 가서 맛있는 음식도 먹고 재미있게 얘기도 하다가 집에 늦게 돌아오게 되었습니다.

한편, 청이를 기다리던 심봉사는. 걱정이 되어서 밖으로 나왔습니다. 어두운 길을 더듬더듬 걷다가 그만 옆에 있는 개울에 빠졌습니다. 심봉사는 "사람 살려! 사람 살려!" 하고 소리를 질렀습니다. 마침 어떤 중이 지나가다가 이 소리를 듣고 달려가서 심봉사를 구해 주었습니다. 그리고 중은 어떻게 밤중에 개울에 빠졌느냐고 심봉사한테 물었습니다. 심봉사는 중에게 자기 얘기를 다 했습니다. 중은 심봉사에게 쌀 삼백 석을 절에 바치고 열심히 기도하면 눈을 뜰 수 있을거라고 말했습니다. 집에 쌀 한 석도 없는 가난뱅이 심봉사는 눈을 뜰 수 있다는 말에 너무 기뻐서 그만 쌀 삼백 석을 바치겠다고 약속을 하고 말았습니다.

중과 헤어져서 집에 돌아온 심봉사는 제정신이 들어 걱정을 하기 시작했습니다. "어디서 쌀 삼백 석을 구할까? 내가 미쳤지." 그 때 마침 청이 돌아왔습니다. "무슨 걱정이 있으세요, 아버지?" 하고 청이 물었습니다. 아버지는 중을 만난 이야기를 청이에게 해 주었습니다. 그 후 청이는 쌀 삼백 석을 구할 생각만 하고 있었습니다. 그러던 어느 날, 청이는 동네사람들한테서 어부들이 처녀를 사러 다닌다는 말을 들었습니다. 그래서 그 사람한테 부탁해서 어부들을 만났습니다. "저한테 쌀 삼백 석을 주시고 대신 저를 사 가세요." 자기가 아니면 아버지를 돌봐 드릴 사람이 없다는 생각에 너무 가슴이 아팠지만 어떻게든 아버지 눈을 뜨게 해 드리고 싶었습니다. 결국 얼마 후 청이는 어부들한테 팔려서 바다에 빠져 죽었습니다. 청이가 죽은 자리에는 예쁜 연꽃이 피었습니다.

어느 날, 청이를 사 갔던 어부들이 바다를 지나가는데 바다 한 가운데 예쁜 연꽃이 피어 있는 것을 보았습니다. 이상하게 생각한 어부들은 그 연꽃을 건져서 임금님께 갖다 드렸습니다. 그 때 연꽃에서 예쁜 청이가 걸어나왔습니다. 용왕님이 청이의 효심에 감동해서 청이를 다시 살려주신 것입니다. 아름다운 청이는 임금님과 결혼해서 살게 되었지만 혼자 계실 아버지 생각에 항상 슬펐습니다. 임금님은 그런 청이의 슬픔을 알고 청이와 심봉사를 만나게 해 주려고 나라의 장님들을 모두 초대해서 큰 잔치를 열었습니다.

청이가 죽은 후, 심봉사는 동네사람들의 도움으로 다른 여자와 재혼을 했지만, 마음씨가 나쁜 그 여자는 청이가 아버지를 위해 모아 두고 간 작은 재산까지 다 써 버렸습니다. 심봉사는 부끄러워서 다른 곳으로 가서. 살고 있었습니다. 잔치는 날마다 계속되었지만 심봉사는 나타나지 않았습니다. 청이가 아주 실망해 있는데 하루는 어떤 신하가 심봉사를 찾았다고 알려 왔습니다. 마침내, 그렇게도 보고 싶던 아버지를 만나게 된 청이는 너무 기뻐서 "아버지" 하고 크게 불렀습니다. 딸이 죽은 후 슬픔과 절망으로 죽을 날만 기다리고 있던 심 봉사는, 죽은 줄만 알았던 딸의 목소리에 너무 기쁘고, 놀라고, 반가워서 그만 눈을 뜨게 되었습니다. 두 사람은 서로 껴안고 엉

엉 울었습니다. 청이의 효심이 아버지의 눈을 뜨게
한 것입니다. 두 사람은 함께 오래 오래 행복하게 살
았습니다.

IV. WORDS AND EXPRESSIONS
단어와 표현

봉사	blind person
불행히도	unfortunately
병이 들다	to get sick, to fall ill
어려움	hardship, difficulties
무럭무럭 자라다	to grow up rapidly
마음씨가 착하다	to be good-hearted
정성껏 모시다	to take care of someone with utmost care or true devotion
더듬더듬 걷다	to walk gropingly
개울	creek
중	Buddhist monk
석	a counter for rice (used in old times)
절	Buddhist temple
제정신이 들다	to come to one's senses
미치다	to be out of one's mind, crazy
대신	instead
어부	fisherman
연꽃	lotus flower
건지다	to pick up (out of water)
용왕님	sea king

효심	filial heart
장님	blind person
재혼하다	to remarry
재산	assets, wealth
신하	subject (of a king)
절망	despair, frustration
목소리	voice
껴안다	to hug tightly

V. COMPREHENSION
내용이해 확인

1. 심봉사의 아내는 왜 일찍 죽었습니까?

2. 동네사람들은 왜 청이를 좋아했습니까?

3. 청이는 어떻게 아버지를 도왔습니까?

4. 심봉사는 왜 개울에 빠졌습니까?

5. 물에 빠진 심봉사를 누가 구해 주었습니까?

6. 중은 심봉사에게 어떻게 하면 눈을 뜰 수 있을 거라고 했습니까?

7. 집에 돌아온 심봉사는 왜 걱정을 했습니까?

8. 청이는 쌀 삼백 석을 구하기 위해서 어떻게 했습니까?

9. 청이는 죽은 후에 무엇으로 변했습니까?

10. 청이는 어떻게 다시 살아나게 되었습니까?

11. 청이는 어떻게 임금님과 결혼해서 살게 되었습니까?

12. 임금님은 왜 장님들을 모두 초대해서 잔치를 열었습니까?

13. 청이가 죽은 후, 심봉사는 어떻게 되었습니까?

14. 청이는 아버지를 어떻게 다시 만났습니까?

15. 심봉사는 어떻게 다시 눈을 뜨게 되었습니까?

VI. EXERCISES
연습

---

1. **밑줄 친 말과 뜻이 가장 비슷한 말을 고르세요.**
   Choose the closest words or expressions in meaning to the underlined words or expressions.

   ....

   1) 불행히도 심봉사의 아내는 딸을 낳고 곧 <u>병이 들어</u> 죽었습니다.
      ㄱ. 아파서
      ㄴ. 늙어서
      ㄷ. 외로워서
      ㄹ. 가난해서

   2) 아내없이 <u>어려움이</u> 많았지만 심봉사는 혼자서 딸 청이를 잘 키웠습니다.

ㄱ. 즐거움이

ㄴ. 고생이

ㄷ. 슬픔이

ㄹ. 걱정이

3) 청이는 아버지를 <u>정성껏</u> 모셨습니다.

ㄱ. 혼자서

ㄴ. 있는 힘을 다해

ㄷ. 가끔씩

ㄹ. 열심히

4) 중과 헤어져서 집에 돌아온 심봉사는 <u>제정신이</u> <u>들어</u> 걱정을 하기 시작했습니다.

ㄱ. 정신을 차리고

ㄴ. 정신이 나가서

ㄷ. 아무 이유없이

ㄹ. 왜 그런지

5) 심봉사는 <u>죽은 줄만 알았던</u> 딸의 목소리에 너무 기쁘고, 놀라고, 반가워서 그만 눈을 뜨게 되었습니다.

ㄱ. 어딘가 살아있다고 믿었던

ㄴ. 죽었다고 생각했던

ㄷ. 죽었는지 잘 몰랐던

ㄹ. 죽지 않기를 바랐던

2. 적당한 단어를 골라 빈칸을 채우세요.

Fill in the blanks with the appropriate word from the examples.

....

1) 옛날 황해도 _____ 마을에 심 학규라는 봉사
   가 살고 있었습니다.
   ㄱ. 무슨   ㄴ. 그런
   ㄷ. 어느   ㄹ. 어디

2) 중이 어떻게 밤중에 개울에 빠졌느냐고 묻자 심
   봉사는 중에게_____ 얘기를 다 했습니다.
   ㄱ. 심봉사   ㄴ. 자기
   ㄷ. 청이   ㄹ. 아내

3) "저한테 쌀 삼백 석을 주시고_____ 저를 데려
   가세요." 하고 청이는 어부들한테 부탁했습니다.
   ㄱ. 그냥   ㄴ. 마침
   ㄷ. 갑자기   ㄹ. 대신

4) 가난뱅이 심봉사는 눈을 뜰 수 있다는 중의 말에
   너무 기뻐서_____ 쌀 삼백 석을 바치겠다고
   약속을 하고 말았습니다.
   ㄱ. 자꾸   ㄴ. 그만
   ㄷ. 벌써   ㄹ. 방금

5) 잔치는_____ 계속되었지만 심봉사는 나타나
   지 않았습니다.
   ㄱ. 날마다   ㄴ. 가끔씩
   ㄷ. 항상   ㄹ. 자주

3. 설명을 읽고 맞는 단어를 본문에서 찾아 쓰세요.

Write the word from the main text that has the following definition.

．．

1) 앞을 못 보는 사람: _____

2) 고기를 잡는 것을 직업으로 하는 사람:

_____

3) 결혼하지 않은 여자: _____

4) 다시 결혼하는 것: _____

5) 다른 사람의 아내: _____

6) 작은 시내: _____

7) 부모님을 생각하고 걱정하는 마음:

_____

4. 관계있는 것끼리 연결한 후 문장을 만들어 보세요.

Connect the related words and make sentences.

．．

1) 무럭무럭   ㄱ. 걷다

2) 정성껏   ㄴ. 착하다

3) 더듬더듬   ㄷ. 자라다

4) 마음씨가   ㄹ. 모시다

5) 제정신이   ㅁ. 들다

_____

_____

_____

_____

_____

5. 아래 단어의 반대말을 본문에서 찾아 쓰세요.

Write the antonyms of the following words from the main text.

1) 다행히도: _____

2) 총각: _____

3) 희망: _____

4) 신하: _____

6. 두 단어의 관계가 다른 것을 하나 고르세요.

Choose the one in which the relationship of the two words is different from the other three.

1) ㄱ. 봉사-장님
   ㄴ. 바치다-드리다
   ㄷ. 헤어지다-이별하다
   ㄹ. 가난뱅이-부자

2) ㄱ. 제 정신이다-미치다
   ㄴ. 모시다-보살피다
   ㄷ. 부끄럽다-자랑스럽다
   ㄹ. 마음씨가 착하다-마음씨가 나쁘다

3) ㄱ. 연꽃-처녀
   ㄴ. 중-절
   ㄷ. 용왕님-바다
   ㄹ. 쌀-석

7. 나머지 셋과 가장 관계가 먼 것을 하나 고르세요.
Choose the word that is least related to the other three.

1) ㄱ. 키우다   ㄴ. 자라다
   ㄷ. 모시다   ㄹ. 이상하다

2) ㄱ. 어부   ㄴ. 바다
   ㄷ. 목소리   ㄹ. 용왕

3) ㄱ. 재산   ㄴ. 잔치
   ㄷ. 초대   ㄹ. 음식

4) ㄱ. 개울   ㄴ. 효심
   ㄷ. 연꽃   ㄹ. 절

8. 주어진 단어가 잘못 쓰인 문장을 고르세요.

Choose the sentence in which the given word is incorrectly used.

1. 그만
   ㄱ. 어두운 길을 걷다가 심봉사는 그만 개울에 빠지고 말았다
   ㄴ. 눈을 뜰 수 있다는 말에 너무 기뻐서 심봉사는 그만 쌀을 바치겠다고 약속을 했다
   ㄷ. 아내가 죽은 후에도 심봉사는 그만 혼자서 청이를 열심히 키웠다

2. 마침
   ㄱ. 심봉사가 개울에 빠져 있을 때 마침 지나가는 중이 구해 주었다
   ㄴ. 심봉사는 청이를 걱정하다가 마침 밖으로 나갔다
   ㄷ. 심봉사가 쌀 삼백 석을 걱정하고 있을 때 마침 청이 돌아왔다

9. 맞춤법이 틀린 글자를 찾아 밑줄을 치고 맞게 고쳐 쓰세요.

Underline incorrect spellings and correct them.

1. 심봉사는 아름다운 여자와 겨론해서 예쁜 딸을 하나 나았습니다.

2. 어부들은 바다에 피어인는 연꽃을 건저서 임금
   님께 갔다 드렸습니다.

3. 잔치는 날마다 게속되엇지만 심봉사는 나타나지
   않았습니다.

VII. QUESTIONS FOR DISCUSSION AND COMPOSITION
토론과 작문 질문

---

1. "쌀 삼백 석을 절에 바치고 기도하면 눈을 뜰 수
   있다"고 한 중의 말에 대해 여러분은 어떻게 생
   각합니까?

2. 심청이 어부들에게 팔려가지 않았다면 어떻게
   되었을까요? 그래도 쌀 삼백 석을 구할 수 있었
   을까요?

3. 아버지의 눈을 뜨게 하기 위해 죽음을 택한 심청
   의 결정(decision)에 대해 어떻게 생각합니까? 살아
   서 아버지를 보살펴 드리는 게 더 낫지 않았을까
   요?

4. 여러분은 어떤 사람이 효자, 효녀라고 생각합니까? 효자, 효녀의 조건(condition)을 구체적으로 설명해 보세요.

5. 여러분 자신에 대해서 생각해 봅시다. 여러분은 효자, 효녀라고 생각합니까? 왜 그렇게 생각합니까? 아니면 왜 아니라고 생각합니까?

VIII. ACTIVITIES AND TASKS
관련활동과 과제

---

1. 전통적인 한국사회의 '효'와 현대사회의 '효'를 비교해서 차이점을 찾아 보세요. 옛날에 효자는 어떤 사람이었습니까? 그리고 지금의 효자는 어떤 사람입니까?

2. 심봉사와 청이가 이별하는 장면을 (departing scene)드라마로 만들어 보세요.

3. 죽은 청이는 왜 연꽃으로 변했을까요? 불교 (Buddhism)와 연꽃은 관계가 있습니다. 그 관계에 대해서 연구해서 발표해 보세요.

4. 여러분이 이 이야기를 다르게 쓴다면 어떻게 쓰고 싶어요? 바꾸고 싶은 부분은 어디예요? 왜요?

5. '효도관광'에 대해 들어 보았습니까? 효도관광에 대해 알아본 후 여러분 부모님을 위한 효도관광 계획을 세워 보세요.

6. 한국사회는 전통적으로 '남아선호사상' (preference for boys)이 강했습니다. 그런데, 요즘은 많은 부모들이 아들보다 딸을 더 좋아한다고 합니다. 왜 이런 변화가 생기게 되었는지 '효'의 관점에서 생각하고 연구해 보세요.

7. 다른 문화에서와 달리 한국문화에서 '효'가 특히 중요한 이유는 어디에 있습니까? 유교사상 (Confucian thought)과의 관계 속에서 연구해 보세요.

IX. LEARNING ABOUT KOREAN CULTURE

---

1. *Hyo* (filial piety)

Hyo (효 or 효도) refers to respect and love for one's parents and ancestors. It is one of the most important virtues to be cultivated in Confucian thought, along with *in* (benevolence) and *eui* (righteousness). It requires strict obedience from sons and their offspring to their parents and ancestors, and the offspring's care of their parents and ancestors, including financial and ritual care.

In particular, the eldest son of the family is obliged to live with his parents and take care of them even after his marriage. After their death, he is responsible for holding memorial services and ancestral rites. In olden days, the eldest son went through a three-year mourning period upon his parents' passing, and was supposed to live near their tomb without even bathing or cutting his hair, although this shouldn't be taken literally.

Acts of filial piety can include lots of different things for different people, depending on their circumstances. For example, some children buy expensive presents for their parents, while others call or visit their parents frequently, and still others buy a package tour called *hyodogwangwang* (a vacation package specifically developed for the elderly by the tourism industry). However, the most important idea is to show pure love and ultimate respect for one's parents and to take care of them with sincere heart and utmost care. While *hyo* seems to be less strictly observed in modern-day society due to industrialization and modernization, it still remains an important value of Korean society and Koreans' daily life.

2. *Samgangoryun* (Three Obediences and Five Constant Relationships)

The basic concepts of Confucianism, outlining basic human relations and proper social conduct, are known as *samgangoryun* (삼강오륜), the three obediences and five constant relationships. For women in particular, the "three obediences" were that a girl should obey her father, a married women her husband, and a widow her eldest son.

The "five relationships" deal with the duties and responsibilities between five sets of people, namely: rulers and subjects, who should treat each other with benevolence and reverence (군신유의); fathers and sons, with kindness and filial piety (부자유친); elder and younger brothers, with nobility and respect (장유유서); husbands and wives, with benevolence and obedience (부부유별); and elder friends and younger friends, with humanity and deference (붕우유신).

These tenets of Confucian philosophy played a vital role in shaping traditional Korean society, but they are less strictly observed in modern Korean democratic life.

(1) 열 손가락 깨물어 안 아픈 손가락 없다

There is not even one finger that doesn't hurt when bitten.
Meaning: every child is precious to the parents.

(2) 가지 많은 나무에 바람 잘 날 없다

A tree with many branches never has a day without being shaken by the wind.
Meaning: Parents with many children always have something to worry about.

(3) 눈 먼 자식 효도한다

The blind child is filial.
Meaning: An unexpected person turns out to be a real charm/help.

(4) 효도의 시작은 건강에, 효도의 마침은 입신양명에 있다

The beginning of filial piety is health, and the end of it is rising in the world and gaining fame.
Meaning: being healthy and being successful are children's duty to their parents.

X. ENGLISH TRANSLATION OF THE STORY

A long time ago in a village in the province of Hwanghae, there lived a blind man named Shim Hak-Gyu. The blind man married a beautiful woman and had a pretty daughter. But his wife unfortunately became ill and died right after she gave birth. Although many things in his life were difficult, the blind man raised his daughter, Cheong, well by himself. Cheong grew up rapidly. And because she was so pretty and kind, the village people all loved Cheong. Cheong helped her poor father by making food, doing the laundry, and completing all the housework. And she served her father wholeheartedly. Cheong's kind nature spreaded to neighboring village and one day a lady in that village sent a person to bring over Cheong because she wanted to meet her. Cheong went to this person's house and ate good food and told entertaining stories so that she became to return home late.

While waiting for Cheong, the blind man became worried and went in search of her outside. On the dark road, as he was stumbling, he fell into a creek. He shouted, "Someone help me! Someone help me!" Fortunately, as a monk was passing by and heard a sound and ran to help the blind man. The monk asked him how he came to fall into the creek in the middle of the night, and the blind man told the monk the whole story. The monk told the blind man if he donated 300 *seok* of rice to the temple and prayed very hard then he could be able to see. Although he didn't even have a single *seok* of rice at home, the poor blind man became happy when he was told he might be able to see, so he promised to donate 300 *seok* of rice.

After parting ways from the monk, the blind man returned home and came to his senses, and so he began to worry. "Where can I obtain 300 *seok* of rice? I must be crazy." At that moment, Cheong returned. "What are you worried about, father?" asked Cheong. Her father told her about the story about meeting the monk. Since then, Cheong was only thinking about how to obtain 300 *seok* of rice. One day, Cheong heard from the villagers that the fishermen were looking for sacrificial maidens. So, she asked a village person to meet with the fishermen. "Give me 300 *seok* of rice, and in return you can have me." Although her heart was broken at the thought that no one would take care of her father once she was gone, she wanted her father to regain his sight at any cost. Finally, Cheong was sold to the fishermen and was thrown into the sea and died. In the place of her death, a beautiful lotus flower bloomed.

One day, the fishermen who had bought Cheong were passing the sea, and saw a beautiful lotus flower in the middle of the sea. Thinking that it was strange, the fishermen picked the flower and brought it to the king. Suddenly, the beautiful Cheong walked out of the flower. This was because the Sea King was so moved by Cheong's piety that he gave Cheong a new life. The beautiful Cheong married the king, but she was always saddened by the thought of her lonely father. Knowing her sadness, the king invited all the blind men in the land and gave a big banquet in order for Cheong to meet her father.

After Cheong had died, the blind man learned about what happened to his daughter. He remarried another woman with the help of the villagers, but the ill-hearted woman used up everything that Cheong had saved for her father. The blind man was so ashamed that he moved to another village and lived there. Although the King's feast continued each day, the blind man did not turn up. Cheong was very disappointed, but one day a subject told her that he had found the blind man. Finally, Cheong was going to be able to meet the father she had missed so much; she became so happy that she shouted loudly, "Father!" The blind man, who was waiting to die with sadness and despair after his daughter's death, was so surprised and glad hearing the voice of his daughter that he thought he had died, and he regained his ability to see. The two hugged each other and cried. Cheong's piety had allowed her father to see again. The two people lived happily for a long, long time.

흥부놀부전

THE STORY OF HEUNG-BU AND NOL-BU

1. Core Vocabulary:

형제	brothers, siblings
심술쟁이	grouch, ill-hearted person
제비	swallow
새끼	the young, baby, cub
박씨	gourd seed
부러지다/부러뜨리다	to be broken/to break

2. Grammar:

~기가 어렵다	hard to ~

3. Expressions:

재산을 물려주다	to hand over one's assets or wealth
빈 손으로 내쫓다	to drive out empty-handed
다리가 부러지다	leg is broken
정성껏 보살피다	to take care of (someone or something) with utmost care
기대에 차다	to be hopeful
용서를 빌다	to ask for forgiveness
사이좋게 살다	to live on good terms

1. 형제간의 사랑을 '우애'라고 부릅니다. '우애'에 관한 이야기를 알고 있습니까?

2. 흥부와 놀부는 어떤 형제들이었을까요? 두 사람 사이에는 무슨 일이 있었을까요?

3. 제비와 박씨는 이 이야기에서 어떤 역할을 할까요?

III. MAIN STORY
본문

옛날 어느 마을에 놀부와 흥부라는 형제가 살고 있었습니다. 형인 놀부는 아주 욕심이 많고 심술쟁이였지만 동생인 흥부는 형과는 달리 마음씨가 아주 착했습니다. 놀부는 아버지가 물려준 많은 재산을 혼자 다 가지고 흥부를 빈 손으로 내쫓았습니다. 그러나 착한 흥부는 형을 조금도 원망하지 않았습니다.

빈 손으로 쫓겨난 흥부는 먹을 것도 없고 살기가 너무 힘들었습니다. 그래서 할 수 없이 형을 찾아가서 부탁했습니다. "형님, 아이들이 배가 고파서 울고 있는데 쌀을 좀 빌려 주시면..." 놀부는 그때마다 화를 내면서 매질을 하여 흥부를 내쫓았습니다. 흥부는 배고픔을 참으면서 열심히 일을 했지만 겨우 겨우 살아갔습니다.

어느 봄 날, 제비 한 쌍이 흥부집 처마 밑에 집을 짓기 시작했습니다. 얼마 후에 제비는 새끼를 낳았는데 그 새끼는 잘 자랐습니다. 그런데 어느 날 아침, 구렁이 한 마리가 제비집으로 올라가서 새끼제비를 잡아먹으려고 했습니다. 새끼제비는 구렁이를 피하려다가 그만 땅에 떨어져서 한 쪽 다리가 부러졌습니다. 이를 본 착한 흥부는 제비를 불쌍하게 생각했습니다. 그래서 아내와 함께 정성껏 새끼제비의 다리에 약을 바르고 보살핀 후 제비 집에 잘 넣어 주었습니다. 새끼제비는 곧 다리가 나았습니다.

겨울이 되어 날씨가 추워지니까 제비들은 모두 따뜻한 남쪽나라로 날아갔습니다. 그리고 다음 해 봄에 다시 돌아왔습니다. 흥부 식구들은 반가워서 돌아온 제비들을 쳐다보고 있었는데 제비 한 마리가 흥부 앞을 날아가면서 박씨 하나를 떨어뜨렸습니다. 흥부는 이상하게 생각하면서 그 박씨를 주워 마당에 심었습니다. 얼마 후 지붕 위에는 보름달만한 박이 주렁주렁 열렸습니다. 어느 날 흥부는 아내와 그 박을 탔습니다. 첫째 박이 열렸을 때 그 속에서 여러가지 보석이 나왔습니다. 둘째 박이 열렸을 때는 비단 옷감이 많이 나왔습니다. 셋째 박에서는 엄청나게 많은 돈이 나왔습니다. 박을 탈때마다 계속해서 귀한 물건이 자꾸 쏟아져 나왔습니다. 그래서, 흥부 식구는 금방 부자가 되었습니다.

이 소문을 들은 형 놀부는 몹시 심술이 났습니다. 그래서 흥부를 찾아가서, "네 이 놈, 어디서 이렇게 도둑질을 했느냐?" 하고 소리를 쳤습니다. 흥부는 형에게 사실을 다 얘기했습니다. 다음 해 봄에는 놀부 집에도 제비가 와서 집을 짓고 새끼를 낳았습니다. 놀부는 새끼제비가 다치기를 기다렸지만 그런 일은 일어나지 않았습니다. 그래서 놀부는 일부러 새끼제비의 다리를 부러뜨리고 흥부가 한 것처럼 치료를 해주었습니다. 다음 해 봄에 그 제비는 놀부에게도 박씨를 하나 갖다 주었습니다. 놀부는 박씨를 심고 박이 열렸을 때 기대에 차서 박을 탔습니다. 그런데 놀부의 박에서는 더러운 오물이 나오고, 도깨비들도 나와서 놀부를 때려주고 놀부의 재산을 다 빼앗아 갔습니다. 놀부는 순식간에 빈털터리가 되었습니다.

　이 소식을 들은 흥부는 먼저 형 놀부에게 달려갔습니다. "형님, 저희 집으로 가세요. 그리고 저희와 같이 사세요." 하고 말했습니다. 착한 흥부는 갈 곳이 없는 놀부 식구들을 자기 집으로 데려가서 같이 살게 했습니다. 흥부의 착한 마음씨에 놀부는 자신의 잘못을 뉘우치고 흥부에게 용서를 빌었습니다. 그리고 두 형제는 사이좋게 살았습니다.

IV. WORDS AND EXPRESSIONS
단어와 표현

형제	brothers, siblings
심술쟁이	grouch, ill-tempered person
재산을 물려주다	to hand over one's assets or wealth
내쫓다	to turn someone out, to kick out
원망하다	to resent, reproach, grudge
빈 손	empty hands
매질을 하다	to whip
겨우	barely

처마	eaves
제비 한 쌍	a pair of swallows
새끼	the young, baby, cub
구렁이	serpent
피하다	to flee from
땅에 떨어지다	to fall to the ground
부러지다	to be broken
정성껏	with one's whole heart, earnestly
보살피다	to take care of
낫다	to recover, get better
박씨	gourd seed
마당	yard
지붕	roof
보름달	full moon
보석	jewelry
비단옷감	silk material
엄청나게	extravagantly, exorbitantly
귀하다	to be precious
도둑질	act of stealing
사실	truth, fact
다치다	to injure
일부러	on purpose
부러뜨리다	to break
치료하다	to treat, cure
기대에 차다	to be hopeful
도깨비	goblin
오물	sewage, filth, waste
빼앗아가다	to snatch something from someone

순식간에	in an instant
빈털터리	pauper, a penniless person
소식	news
용서를 빌다	to ask for forgiveness
사이좋게 살다	to live on good terms

V. COMPREHENSION
내용이해 확인

1. 형 놀부는 어떤 사람이었습니까?

2. 동생 흥부는 어떤 사람이었습니까?

3. 아버지가 물려 준 재산을 다 가진 사람은 누구였습니까?

4. 흥부 집의 새끼제비는 어떻게 땅에 떨어졌습니까?

5. 흥부는 떨어진 새끼제비를 어떻게 했습니까?

6. 다음 해 봄에 돌아온 제비는 흥부에게 무엇을 갖다 주었습니까?

7. 제비가 갖다 준 것을 흥부는 어떻게 했습니까?

8. 흥부가 박을 탔을 때 박 속에서 무엇이 나왔습니까?

9. 흥부 식구는 어떻게 부자가 되었습니까?

10. 흥부가 부자가 되었다는. 소식을 듣고 놀부는 어떻게 했습니까?

11. 놀부집의 제비는 어떻게 다리가 부러졌습니까?

12. 놀부가 박을 탔을 때 박 속에서 무엇이 나왔습니까?

13. 형의 소식을 들은 흥부는 어떻게 했습니까?

14. 놀부는 왜 자신의 잘못을 뉘우쳤습니까?

VI. EXERCISES
연습

---

1. **밑줄 친 말과 뜻이 가장 비슷한 말을 고르세요.**
   Choose the closest words in meaning to the underlined words.

   ....

   1) 놀부는 아버지가 물려준 많은 재산을 혼자 다 가지고 흥부를 <u>빈 손으로</u> 내쫓았습니다.
      ㄱ. 아무것도 주지 않고   ㄴ. 미워하면서
      ㄷ. 혼을 내서   ㄹ. 달래서

   2) 먹을 것이 없어 찾아 온 흥부에게 놀부는 화를 내면서 <u>매질을 했습니다.</u>
      ㄱ. 소리쳤습니다   ㄴ. 때렸습니다
      ㄷ. 욕을 했습니다   ㄹ. 짜증을 냈습니다

   3) 흥부는 배고픔을 참으면서 열심히 일을 했지만 <u>겨우 겨우</u> 살아갔습니다.

ㄱ. 즐겁게   ㄴ. 하루 하루

ㄷ. 포기하지 않고   ㄹ. 아주 힘들게

4) 착한 흥부는 제비를 불쌍하게 생각하고 아내와 함께 <u>정성껏</u> 새끼제비의 다리에 약을 발라 주었 습니다.

ㄱ. 있는 힘을 다해   ㄴ. 무조건

ㄷ. 천천히   ㄹ. 부지런히

5) 박에서 귀한 물건이 자꾸 나와서 흥부식구는 <u>금방</u> 부자가 되었습니다.

ㄱ. 점점   ㄴ. 곧

ㄷ. 다음 날   ㄹ. 얼마 후에

6) 놀부는 <u>일부러</u> 새끼제비의 다리를 부러뜨리고 흥부가 한 것처럼 치료를 해 주었습니다.

ㄱ. 실수로   ㄴ. 잘못해서

ㄷ. 억지로   ㄹ. 할 수 없이

2. 보기에서 적당한 단어를 골라 빈 칸을 채우세요.

Fill in the blanks with the appropriate word from the examples.

     <보기: 엄청 기대에 그만 순식 계속

             나게 차서 간에 해서>

1) 새끼제비는 구렁이를 피하려다가 _____ 땅에 떨어져서 한쪽 다리가 부러졌습니다.

2) 둘째 박이 열렸을 때는 비단 옷감이 많이 나왔고, 셋째 박에서는＿＿＿＿＿＿＿ 많은 돈이 나왔습니다.

3) 박을 탈때마다＿＿＿＿＿＿＿ 귀한 물건이 자꾸 나와서 흥부 식구는 금방 부자가 되었습니다.

4) 놀부는 박씨를 심고 박이 열렸을 때＿＿＿＿＿＿ 박을 탔습니다.

5) 놀부의 박에서 나온 도깨비들이 놀부의 재산을 다 빼앗아 가서 놀부는＿＿＿＿＿＿＿ 빈털터리가 되었습니다.

3. 설명을 읽고 맞는 단어를 본문에서 찾아 쓰세요.

Write the word from the main text that has the following definition.

1) 돈, 집, 땅 등을 모두 합해 부르는 말. 이것이 많은 사람을 부자라고 함: ＿＿＿＿＿＿＿

2) 집의 제일 높은 곳: ＿＿＿＿＿＿＿

3) 떠도는 이야기: ＿＿＿＿＿＿＿

4) 금, 은, 다이아몬드 같은 것: ＿＿＿＿＿＿＿

5) 다른 사람을 탓하거나 불평하고 미워함:

＿＿＿＿＿＿＿

6) 돈이 하나도 없는 가난뱅이: ＿＿＿＿＿＿＿

7) 병을 낫게 함: _____

8) 오줌, 똥, 쓰레기와 같은 더러운 것: _____

4. 관계있는 것끼리 연결한 후 문장을 만드세요.
Connect the related words and make sentences.

1) 재산을   ㄱ. 뉘우치다

2) 주렁주렁   ㄴ. 열리다

3) 잘못을   ㄷ. 물려주다

4) 용서를   ㄹ. 살다

5) 사이좋게   ㅁ. 빌다

_____

_____

_____

_____

_____

5. 나머지 셋과 가장 관계가 먼 것을 하나 고르고 셋의 공통점을 영어로 쓰세요.

Choose the word that is least related to the other three and write in English what the other three have in common.

....

1) ㄱ. 처마   ㄴ. 지붕
   ㄷ. 마당   ㄹ. 보석

   _____

2) ㄱ. 박씨   ㄴ. 구렁이
   ㄷ. 제비   ㄹ. 새끼

   _____

3) ㄱ. 심술쟁이   ㄴ. 도깨비
   ㄷ. 빈털터리   ㄹ. 형제

   _____

6. 아래 단어의 반대말을 본문에서 찾아 쓰세요.

Write the antonyms of the following words from the main text.

....

1) 마음씨가 나쁘다: _____

2) 흔하다: _____

3) 부자: _____

4) 다치다: _____

5) 거짓: _____

7. 잘못 쓰인 것을 하나 고르세요.

Choose the incorrectly used word.

....

1) ㄱ. 매질 ㄴ. 도둑질
   ㄷ. 낚시질 ㄹ. 요리질

2) ㄱ. 마음씨 ㄴ. 눈씨
   ㄷ. 말씨 ㄹ. 솜씨

3) ㄱ. 일껏 ㄴ. 정성껏
   ㄷ. 힘껏 ㄹ. 마음껏

8. 보기와 같이 써 보세요.

Write as in the example.

....

<보기: 보름달<u>만한</u> 박

(a gourd as big as the full moon)>

1) _____ (a tiger as big as a house)

2) _____ (a lump/wen as big as a fist) (*lump: 혹)

3) _____ (a person as tall as an electric pole)
   (* electric pole: 전봇대)

9. 빈칸을 채워서 이야기를 완성해 보세요.

Fill in the blanks and complete the story.

....

옛날 어느 마을에 두 _____가 살았습니다.
그런데 형인 놀부는_____였고 동생인 흥부는
아주_____이/가 착했습니다.

놀부는 혼자 부모님이 물려주신 _____ 을/를 다 가지고 동생을 _____ 으로 내쫓았지만 흥부는 불평하지 않았습니다. 어느 날, 흥부 집 처마밑 제비집에 있던 _____ 이/가 구렁이를 피하려다 땅에 떨어져 _____ 을/를 다쳤습니다. 흥부 부부는 제비를 정성껏 치료해 주었습니다. 다음 해 봄에 다시 돌아온 제비는 흥부집 마당에 _____)을/를 하나 떨어뜨렸습니다. 흥부 부부는 이것을 심었고 얼마 후에 그것을 탔을 때 그 속에서 많은 _____ 이/가 나와서 곧 _____ 이/가 되었습니다. 이 _____ 을/를 들은 놀부는 _____ 제비의 다리를 부러뜨린 후 흥부가 했던 것처럼 치료를 해 주었습니다. 제비는 다음 해 봄에 돌아와서 놀부한테도 _____ 을/를 떨어뜨렸고 놀부 부부도 이 씨를 심었습니다. 그러나 놀부 부부가 그것을 탔을 때는 그 속에서 _____ 같은 이상한 물건이 나와서 놀부 부부의 _____ 을/를 다 뺏아가 버렸습니다. 놀부는 곧 _____ 이/가 되었습니다. 그래도 흥부는 형 놀부를 _____ 하고 자기 집에 와서 살게 했습니다.

VII. QUESTIONS FOR DISCUSSION AND COMPOSITION
토론과 작문 질문

---

1. 이 이야기의 주제는 무엇입니까?
2. 흥부와 놀부를 성격(personality), 태도(attitude), 가치관(value system)의 관점에서 비교해 보세요.

3. 이 이야기를 읽고 여러분은 무엇을 느꼈습니까? 여러분은 흥부에 가깝습니까? 놀부에 가깝습니까?

4. 여러분 나라에도 '우애'를 다룬 비슷한 이야기가 있습니까?

5. 여러분은 형제가 있습니까? 여러분의 형제관계에 대해서 생각해 보세요. 이상적인 (ideal) 형제관계는 어떤 것이라고 생각합니까?

6. 이 이야기의 제목은 <놀부흥부전>이 아니고 <흥부놀부전>입니다. 왜 그럴까요?

VIII. ACTIVITIES AND TASKS
관련활동과 과제

---

1. 여러분이 어떤 사람을 용서한 경험이 있으면 그 경험에 대해서 얘기해 보세요. 여러분이 용서받을 일을 했다면 어떤 일이 있었는지 얘기해 보세요.

2. 한국 옛날 이야기에는 '권선징악' (promote good and condemn evil) 을 주제로 한 것이 많습니다. 이 이야기에서는 이 주제가 어떻게 그려져 있습니까? 무엇이 '선'이고 무엇이 '악'입니까? 여러분의 말로 다시 한번 이 이야기를 써 보세요.

3. 전통적인(traditional) 한국사회에서는 장남(oldest son)이 모든 권리(right)를 가지고 모든 책임 (responsibility)을 다 졌습니다. 이런 관점에서 놀부

의 행동을 생각해 보세요. 그리고 장남의 권리와 책임이 무엇이었는지 자료를 찾아 연구해 보세요. 이런 전통은 지금도 계속되고 있습니까? 있다면 어떤 면에서 그렇습니까?

4. 이 이야기를 역할극으로 만들어 보세요.

5. 현대판 (modern version)'흥부와 놀부'를 써 보세요.

6. '우애'를 주제로 한 다른 한국 이야기로 '사이좋은 형제' '황금을 얻은 우애' 등이 있습니다. 이 이야기들을 찾아서 읽고 '흥부놀부전'과 비교해 보세요.

IX. LEARNING ABOUT CULTURE

1. *Dokkaebi* (Goblin)

In the Korean folk tradition, the *dokkaebi* is a magical creature with supernatural powers. There have been stories about *dokkaebi* throughout Korean folktales dating back to the Three Kingdoms era; in Korean culture, it is a humorous figure rather than a fearful or menacing one, and its spirit of playfulness is valued as an expression of hope and imagination.

Physically, the *dokkaebi* always has horns, but otherwise its characteristics vary from legend to legend; it can appear in human shape, or as a tall figure with a sinister face. It has a *dokkaebibangmangi*, a magic club to create anything that its owner desires. Among the many stories about *dokkaebi,* the most prominent shared characteristic is the *dokkaebi*'s propensity for mischief. A *dokkaebi* can put an ox on the roof, or move rice cakes from a steamer to the outhouse, or deceive a fisherman into mistaking a dog turd for a crab. However, despite this love of causing mischief and disappointing people, *dokkaebi* are sensible rather than unreasonable. In its traditional cultural significance, the *dokkaebi* can be seen as an agent gratifying the unsatisfied desires of ordinary people, or a "god of means."

2. *Pansori* (Korean opera)

An important traditional Korean art form is *pansori*, dramatic vocal folk music performed with the accompaniment of a *buk* drum. Like traditional performing arts from many other cultures, *pansori* blends musical drama with epic literature and legends. It has been a beloved art form in Korea for many centuries, evoking powerful emotions in its viewers. When it began in the seventeenth century, *pansori* was popular mainly with lower-class audiences, but it eventually came to be popular with Koreans from all backgrounds. It was even performed in the royal court, and some *pansori* singers attained distinguished government positions.

Pansori traditionally calls for two performers: the drummer or *gosu* (고수), and the singer or *gwangdae* (광대), who typically embellishes the musical performance by gesturing with a *jwilbuchae* (쥘부채) fan. The spoken parts of the *gwangdae's* performance are called *aniri* (아니리), while the elements that are sung are known as *chang*. *Gwangdae* traditionally must go through an intense training process, working one-on-one with a teacher who integrates practice into daily life rather than special lessons. Vocal training for a *gwangdae* can even include exercises "in the rough" like competing with the sound of a noisy waterfall or practicing in the mountains!

When *pansori* was at its peak of popularity in the nineteenth century, there were about twelve standard works that were commonly performed. Today, only five survive: *Chunhyangga, Simcheongga, Heungbuga, Sugungga,* and *Jeokbyeokga,* known collectively as the five *pansori* courtyards, *pansori daseot madang.* However, *pansori* is still a living art form today; the Korean movie *Seopyeonje* (1993) tells the story of a family of modern *pansori* artists.

관련 속담

(1) **불난 데 부채질하기**
Fanning the flames.
Meaning: Describing Nol-Bu's grouch act

(2) **대박 터졌다**
A big gourd exploded.
Meaning: It was a huge hit or success.

(3) **남의 떡이 커 보인다**
The other's rice cake looks bigger
Meaning: The grass is always greener on the other side, referring to greed.

X. ENGLISH TRANSLATION OF THE STORY

A long time ago, in a village there lived two brothers, Nol-Bu and Heung-Bu. The older brother, Nol-Bu, was very greedy and an ill-tempered person but his younger brother Heung-Bu was a good-hearted person, unlike Nol-Bu. Nol-Bu took their father's inheritance and property all for himself and drove out Heung-Bu empty-handed. Neverthless, the kind Heung-Bu did not resent his brother even a little bit.

Heung-Bu, having been driven out with nothing, had nothing to eat, and it was difficult to live. Therefore, he had no choice but to go see his brother and ask him for a favor. "Brother, my children are so hungry they are crying; if only you would lend us some rice…" Nol-Bu became angry and banished his brother after hitting him. Heung-Bu suffered through hunger and worked hard, but still barely got by.

One spring day, a pair of swallows began building a nest beneath the edge of Heung-Bu's roof. Some time afterwards, the birds had a baby, and the baby grew well. One morning, a serpent went up to the swallow's house and tried to eat their young. The baby swallow was trying to flee from the serpent and fell on the ground, breaking one of its legs. Seeing this, the kind Heung-Bu felt sorry for the swallow. So he and his wife carefully put medicine on the swallow's leg and then put it back in the swallows' house. The baby bird's leg healed soon.

When the winter came, the weather turned cold and so the swallows flew to a warmer place in the South. And the next spring, they returned. While Heung-Bu's family was happy to see them again and was looking at the swallows that had returned, one flew in front of Heung-Bu and dropped a gourd seed. Heung-Bu thought this was strange but planted the seed in the yard. Some time afterwards, gourds as big as full moons grew in a cluster along the roof. One day, Heung-Bu and his wife picked the gourds. When he opened the first gourd, many jewels came out. When he opened the second gourd, much silk fabric came out. In the third gourd, there was a lot of money. Every time he opened a gourd, precious things continued to come out. So Heung-Bu's family quickly became rich.

Having heard of this rumor, his older brother became incredibly upset. He went to see Heung-Bu and shouted, "Hey you, where did you steal this from?" Heung-Bu told him the complete truth. The next spring, a swallow came to Nol-Bu's house, built a nest and had a baby. Nol-Bu waited for the baby swallow to become hurt, but nothing of the sort happened. Therefore, Nol-Bu purposely broke the baby swallow's leg and fixed it as Heung-Bu had done. The next spring, that swallow brought Nol-Bu a gourd seed as well. He planted the seed, and when the gourds had become ripe, he picked them with high hopes. But from Nol-Bu's gourd came filthy stuff, and goblins also appeared, hit Nol-Bu, and stole all of his possessions. In an instant, Nol-Bu became penniless.

Hearing this, Heung-Bu went straight to Nol-Bu first. "Brother, please come to our house and live with us," he said. The kind Heung-Bu brought the homeless Nol-Bu to live with his family at his house. Nol-Bu repented his wrongdoing and begged the kind Heung-Bu for forgiveness. And the two brothers lived together happily.

복습 2

8과부터 14과까지

1. 주어진 영어 설명을 읽고 맞는 한국말을 보기에서 골라 쓰세요.

보기: 우애	재치/유머	신중	효도
희생	정직	용서	동물사랑
정절	은혜	성실	배짱
정의	약속	신뢰	보은

1) prudence:

2) honesty:

3) debt of gratitude, favor:

4) wit, humor:

5) faithfulness:

6) filial piety:

7) brotherly love:

8) forgiveness:

9) sacrifice:

10) gratitude:

11) love for animals:

12) promise:

13) gut:

14) trust:

15) hard work:

16) justice:

2. 8과부터 14과까지의 이야기와 그 이야기의 교훈을 맞게 연결하세요.

1) 나그네와 거위   ㄱ. 정직, 성실

2) 선비와 농부   ㄴ. 신비한 사랑, 보은

3) 나뭇꾼과 선녀   ㄷ. 재치, 유머, 배짱, 정의

4) 김선달   ㄹ. 우애, 용서

5) 열녀 춘향   ㅁ. 효도, 희생

6) 효녀 심청   ㅂ. 신중, 동물사랑

7) 흥부놀부전   ㅅ. 정절, 약속, 신뢰

3. 나는 누구예요? 설명에 맞는 단어를 보기에서 찾아 쓰세요.

보기: 나그네   가난뱅이   선비   농부
         부자   구두쇠   욕심쟁이
         사냥꾼   봉사/장님   어부

1) 많은 것을 갖고 싶어해요:

2) 여기저기를 떠돌아 다녀요:

3) 돈이 아주 많아요:

4) 농사를 지어요:

5) 책을 읽고 덕을 쌓아요:

6) 돈을 잘 쓰지 않고 가진 것을 나누지 않아요:

7) 앞을 보지 못해요:

8) 고기를 잡아서 생활해요:

9) 돈이 없어요:

10) 동물을 잡으러 다녀요:

4. 나머지 단어들과 가장 관계가 먼 것을 하나 고르고 공통점을 영어로 쓰세요.

1) ㄱ. 보름   ㄴ. 주막
   ㄷ. 관가   ㄹ. 연못
   ㅁ. 강나루

   _____

2) ㄱ. 헛간   ㄴ. 부엌
   ㄷ. 처마   ㄹ. 솥
   ㅁ. 마당

   _____

3) ㄱ. 노루   ㄴ. 박씨
   ㄷ. 거위   ㄹ. 제비
   ㅁ. 구렁이

   _____

4)　ㄱ. 번개　　　　　ㄴ. 목욕
　　ㄷ. 나무　　　　　ㄹ. 바람
　　ㅁ. 개울

_____

5)　ㄱ. 묵어가다　　　ㄴ. 물려주다
　　ㄷ. 떨어지다　　　ㄹ. 차려입다

_____

5. 왼쪽에 주어진 표현의 맞는 뜻을 오른쪽에서 찾
   아 연결하세요. 그런 다음 아래 대화의 빈 칸을 적
   당한 표현으로 채우세요.

　1) 입을 다물다　　　　　ㄱ. 상황을 알아보다

　2) 첫 눈에 반하다　　　　ㄴ. 비밀을 지키다

　3) 귀를 기울이다　　　　ㄷ. 곧 사랑에 빠지다

　4) 아래위로 훑어보다　　ㄹ. 잘 듣다

　5) 동정을 살피다　　　　ㅁ. 잘 보살피다

　6) 눈 깜짝할 사이에　　　ㅂ. 아주 짧은 시간에

　7) 고개를 숙이다　　　　ㅅ. 뭔가 찾는 듯이 살펴보다

　8) 정성껏 모시다　　　　ㅇ. 자신이 없다, 보고 싶지
　　　　　　　　　　　　　　 않다, 잘못 했다

1) 경철: 정태씨, 저 다음 달에 결혼해요.

정태: 정말이에요? 축하해요. 그런데 신부는 누구
예요?

경철: 김 영희씨예요. 아마 정태씨는 잘 모를 거
예요.

경철: 연애는 얼마나 오래 했어요?

정태: 그리 오래 안 됐어요. 여름에 한 모임에서
만났는데 제가 영희씨한테

_____.

경철: 영희씨는요? 영희씨도 경철씨한테

_____?

정태: 아니에요. 영희씨는 처음에 제가 마음에 안
들었는데 만나면서 점점 좋아하게 되었대
요.

2) 영수엄마: 진숙엄마, 왜 아이들이 모두
_____고 손을 들고 있어요?

진숙엄마: 두 아이가 선생님 말씀을 안 들어서
선생님이 화가 나셨어요.

그래서 전부 벌을 받고 있어요.

영수엄마: 네, 그렇군요.

3) 이 선생: 교장 선생님, 누가 the best teacher of the year award를 받기로 되었어요?

교장 선생님: 네, 김 최고 선생님이 받게 되었어요.

이 선생: 와, 김 선생님은 좋겠다. 빨리 가서 알려 드려야 겠어요. 교장 선생님: 안 돼요. 선생님은 _____어 주세요.

학교에서 김 선생님한테 직접 연락할 거예요.

4) 현지: 왜 이렇게 조용하지요? 이상해요.

정숙: 아직 아무도 안 온 것 같아요.

현지: 시간이 벌써 지났는데요. 정숙씨는 여기서 기다리세요.

제가 가서 _____고 올게요.

정숙: 그래요. 그게 좋겠어요.

5) 미진: 방금 새소리 들었어요? 이 근처에 새가 있나 봐요.

준우: 글쎄요. 난 못 들었는데요.

미진: _____서 다시 들어 보세요. 너무 아름다워요.

6. 서로 관계가 다른 것을 하나 고르세요.

1) ㄱ. 사랑하다-미워하다
   ㄴ. 부끄럽다-자랑스럽다
   ㄷ. 나타나다-사라지다
   ㄹ. 기대하다-바라다
   ㅁ. 깨끗하다-더럽다

2) ㄱ. 귀하다-흔하다
   ㄴ. 감추다-숨기다
   ㄷ. 멍하니-생각없이
   ㄹ. 포기하다-그만두다
   ㅁ. 헤어지다-이별하다

3) ㄱ. 선녀-날개옷
   ㄴ. 거래-도장
   ㄷ. 기생-술시중
   ㄹ. 죄-감옥
   ㅁ. 과거시험-암행어사
   ㅂ. 도련님-잔치

7. 적당한 말로 빈 칸을 채우세요.

1) _____처럼 스치다 (빨리 지나가다)

2) _____에 반하다 (곧 사랑에 빠지다)

3) _____을/를 뉘우치다 (실수를 반성하다)

8. 아래 각 문장에 주어진 설명을 읽고 맞는 단어를 찾으세요.

그런 다음 각 단어의 첫자를 모아서 단어를 만들어 _____에 쓰세요.

<보기>

ㄱ. 금요일과 일요일 사이에 있는 날이에요 : 토요일 (토)

ㄴ. 사람들은 하루에 세 번 밥을 먹어요. 이것을 ___라고 불러요. : 끼니 (끼)

: 토끼 (정답)

1) ㄱ. 사람들이 날마다 읽는 거예요. 여기서 소식과 정보를 얻어요.

ㄴ. 일본과 함께 한국의 아주 중요한 이웃나라예요.

: _____

2) ㄱ. 버스가 서는 곳을 이렇게 불러요.

ㄴ. 서울역까지_____ 가는 버스가 없어서 갈아타야 해요.

: _____

3) ㄱ. 여기서 돈을 저금하고 찾아요.

ㄴ. 'benefit'의 한국말이에요.

: _____

4) ㄱ. 미국에 사는 한국사람들을 이렇게 불러요.

ㄴ. 이가 아프면 여기에 가야 해요.

: _____

5) ㄱ. '거짓말'의 반대말이에요.

ㄴ. 크리스천들이 교회에 가는 것처럼 불교신자 (Buddhist)들은 여기에 가요.

: _____

6) ㄱ. 부모님을 잘 섬기는 사람을 이렇게 불러요.

ㄴ. 남의 물건을 훔치는 사람이에요.

: _____

7) ㄱ. 한국사람들은 '나' 보다 '____'를 더 좋아해요. 그래서 '내 집'이라고 하지 않고 '____집'이라고 해요.

ㄴ. 열심히 힘써서 노력하는 것을 "_____ 다'라고 해요.

: _____

8) ㄱ. '이따가'의 비슷한 말이에요.

ㄴ. 오늘은 바빠요? _____, 내일 만나요.

ㄷ. 첫번째, 두번째, 세번째, _____.

: _____

9) ㄱ. 생일이나, 졸업, 결혼 등 특별한 날에 받는 거예요.

ㄴ. 손이나 얼굴을 씻을 때 쓰는 거예요. 거품이 나요.

: _____

10) ㄱ. 아이들이 부모님한테서 매주, 또는 매달 조금씩 받는 돈이에요.

ㄴ. 동쪽, _____, 남쪽, 북쪽.

: _____

9. 퍼즐을 풀어보세요.

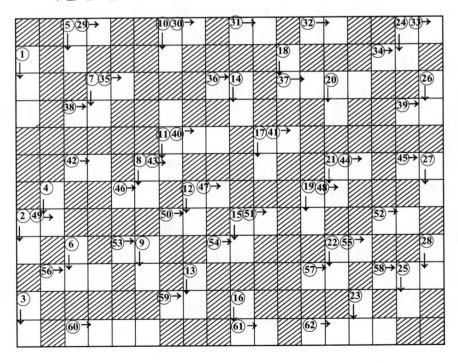

	DOWN			ACROSS

DOWN	ACROSS
1. wayfarer, traveler, stranger	29. deal
2. rich person	30. roof
3. ditch, small stream	31. feast, banquet
4. fisherman	32. one's wife
5. interest/concern	33. frequently
6. during	34. roe deer
7. treasure	35. full moon, 15 days
8. fairy	36. princess
9. coin	37. greedy person
10. now	38. animal
11. goblin	39. transport, conveyance
12. spider	40. to realize, discern
13. separation	41. a fan
14. inn (in old days)	42. forgiveness
15. bank	43. scholar (in old days)
16. siblings, brothers	44. pond
17. favor, request	45. movement (emotional)
18. bath	46. unmarried woman
19. afternoon	47. transaction
20. mischief, prank	48. entertainment
21. contact	49. married couple (husband/wife)
22. disappointment	50. a weeding hoe
23. subject (to the King)	51. gratitude
24. sack	52. passing (an exam)
25. news	53. behavior
26. nobility, gentry class	54. travel
27. village	55. mistake
28. glass	56. housework
	57. despair
	58. voice
	59. discrimination
	60. to be ashamed of
	61. a swallow
	62. to be pitiful

10. 보기에서 적당한 말을 골라 빈칸을 채우세요.

보기: 자라다 찾다 걷다 열리다

1) 뒤뚱뒤뚱_____

2) 무럭무럭_____

3) 두리번 두리번_____

4) 주렁주렁_____

11. 본문의 내용을 바탕으로 밑줄 친 부분에 <u>쓸 수 없</u>
<u>는 것을</u> 고르세요.

1) 주막주인은 겉만 보고 나그네를 평가(judge)했기
때문에_____.
ㄱ. 나그네가 자기 딸의 구슬을 훔쳤다고 생각
했다.
ㄴ. 큰 실수를 할 뻔 했다.
ㄷ. 나그네가 어떤 사람인지 잘 알았다.
ㄹ. 나그네에게 방을 주지 않았다.

2) 농부는_____.
ㄱ. 부자였지만 항상 욕심을 부렸다.
ㄴ. 선비 집의 솥을 도둑질하려 했지만 하지
않았다.
ㄷ. 선비의 아내가 불쌍하다고 생각했다.
ㄹ. 선비의 정직함에 감동을 받아 자신의 잘못
을 뉘우쳤다.

3) 노루는_____ 나무꾼
을 도와 주었다.
　ㄱ. 나무꾼이 자기를 숨겨 주었기 때문에
　ㄴ. 사냥꾼이 싫어서
　ㄷ. 나무꾼의 은혜를 갚고 싶어서
　ㄹ. 나무꾼이 선녀를 만날 수 있게 하여

4) 선달이 대동강 물을 팔 수 있었던 것은

_____.
　ㄱ. 대동강 물이 조상들한테서 물려받은 자기
　　　것이었기 때문이다.
　ㄴ. 기발한 생각으로 상인들을 속일 수 있었기
　　　때문이다.
　ㄷ. 사대부 집에 물을 길어다 주는 물장수들을
　　　꼬실 수 있었기 때문이다.
　ㄹ. 배짱과 재치가 있었기 때문이다.

5) 춘향과 몽룡의 사랑이 이루어진 것은

_____.
　ㄱ. 몽룡이 암행어사로 왔기 때문이다.
　ㄴ. 춘향이 사또의 청을 듣지 않았기 때문이
　　　다.
　ㄷ. 춘향이 변함없이 몽룡만 사랑했기 때문이
　　　다.
　ㄹ. 두 사람의 신분이 같았기 때문이다.

6) 심청이 쌀 삼백 석을 얻으려고 죽은 이유는
_____.
  ㄱ. 아버지의 눈을 뜨게 해 드리기 위해서였
      다.
  ㄴ. 너무 가난해서 쌀 삼백 석이 없었기 때문
      이었다.
  ㄷ. 중이 쌀 삼백 석을 절에 바치라고 했기 때
      문이었다.
  ㄹ. 용왕님이 다시 살려 주실 것을 알았기 때
      문이었다.

7) 흥부는 가난했다가_____
   부자가 되었다.
  ㄱ. 착한 마음씨 덕분에
  ㄴ. 땅에 떨어진 새끼제비의 다리를 잘 치료해
      주어서
  ㄷ. 제비가 갖다 준 박에서 많은 보석이 나와
      서
  ㄹ. 형 놀부가 잘못을 뉘우치고 재산을 나눠
      주어서

Glossary

<ㄱ>

가끔	occasionally, every now and then	U10
가난뱅이	pauper	U8
가만히	quietly, calmly	U9
가지	branch	U5
간청하다	to beg earnestly	U4
감나무	persimmon tree	U5
감동을 받다	to be moved, touched	U9
감옥에 가두다	to incarcerate	U12
감추다	to hide	U10
감탄하다	to admire, wonder	U8
감히	how dare	U6
강나루	a ferry point on a river	U11
개구쟁이	a mischievous child	U5
개울	creek, ditch	U13
거래	transaction	U11
거북이	turtle	U2
거위	goose	U8
거절하다	to refuse	U12
거지	beggar	U12
걱정거리	matter of concern/worry	U5
걱정이 되다	to become worried	U1
건지다	to pick up (out of water)	U13
겁이 나다	to be scared, frightened	U3
겨우	barely	U14
견디다	to endure	U4
결국	finally, at last	U1
결심하다	to make up one's mind	U2
결정되다	to be decided	U11
결혼하다	to marry	U4

경기	contest, competition	U2
계산하다	to calculate	U5
고개를 끄덕이다	to agree (lit. to nod one's head)	U6
고개를 숙이다	to lower one's head	U12
고아	orphan	U1
고조선	Old Joseon (2333 B.C. ~193 B.C.)	U4
고통	pain, suffering	U4
골라내다	to pick out	U6
과거시험	civil service examination	U12
관가	district government office, authority	U8
관복	official attire of the government (uniform)	U12
곰	bear	U4
공휴일	public holiday	U4
광경	scene	U11
구경꾼	onlooker	U6
구두쇠	stingy person, miser	U9
구렁이	serpent	U14
구슬리다	to talk into, cajole	U11
구하다	to save	U12
궁금해지다 (궁금하다)	to become curious	U2
귀가 솔깃해지다	to be tempted (lit. ears perked up)	U2
귀를 기울이다	to listen attentively (lit. to bend one's ears)	U9
귀찮다	to be cumbersome, annoying	U8
귀하다	to be precious	U14
그네	swing	U12
그늘	shade	U6
그리워하다	to miss (someone, something), to long for	U10
근처	nearby, vicinity	U1
급한 일	urgent matter	U2
기가 막히다	to be dumbfounded	U6
기념하다	to commemorate	U4
기대에 차다	to be hopeful	U14

기발하다	to be novel, extraordinary, original	U11
기생	court entertainer	U12
기억하다	to remember	U1
길목	the main point on the road	U11
깊다	to be deep	U4
깜박	completely, in a flash	U6
깜짝 놀라다	to be startled	U9
깨끗하다	to be clean	U10
껴안다	to hug tightly	U13
꼬마	little child	U5
꼬시다	to tempt	U11
꾸짖다	to scold	U5
꿀먹은 벙어리	a mute person (as if he/she ate honey)	U6
꿈에 그리다	to dream, to yearn for	U12
끄덕도 안 하다	to not even budge	U6
끊어지다	to be cut off	U3

〈ㄴ〉

나그네	stranger, wayfarer, wanderer	U8
나라를 세우다	to establish, found a country	U4
나무를 하다	to cut trees, wood (for a living)	U10
나뭇짐	load of wood	U10
나타나다	to appear, show up	U10
날개옷	a robe of feathers	U10
남다	to remain, to be left	U10
남매	brothers and sisters	U3
낫다	to recover, get better	U14
낮술	day drinking	U11
낳다	to give birth	U10
내쫓다	to turn someone out, to kick out	U14
노력하다	to make an effort	U9
노루	roe deer	U10
놀려주다	to make fun of	U2

농부	farmer	U9
눈깜짝할 사이(에)	in the blink of an eye	U10
느림보	slowpoke	U2

〈ㄷ〉

다스리다	to rule, govern	U4
다치다	to injure	U14
달님	the moon	U3
달리기	running	U2
답답하다	to feel stuffy, suffocated	U4
당연히	naturally, of course	U2
당장	immediately	U6
대감(님)	His (Your) Excellency	U5
대신	instead	U13
대화	conversation, dialogue	U9
더듬더듬 걷다	to walk gropingly	U13
덕	virtue	U9
도깨비	goblin	U14
도끼	an axe	U3
도둑	thief	U6
도둑질을 하다	to steal	U9
도련님	term of address for a son of the gentry class	U12
도장	seal, stamp	U11
도착하다	to arrive	U3
돌아가시다	to die, pass away (honorific)	U1
돌장승	stone totem pole (used as a milepost in old times)	U6
동굴	cave	U4
동물	animal	U2
동전	coin	U11
동정을 살피다	to watch the movements or state of things	U9
두리번거리다	to look around	U8

두손모아 기도하다	to keep one's fingers crossed (lit. to pray with two hands together)	U3
둘러메다	to carry over the shoulder	U11
둘러보다	to look around	U2
뒤뚱뒤뚱	waddle	U8
땅	earth, land	U4
땅바닥	ground	U8
땅에 떨어지다	to fall to the ground	U14
떠내려가다	to drift away	U1
떡바구니	rice cake basket	U3
떼어가다	to take away	U5
똥	poop, droppings	U8

＜ㅁ＞

마구	carelessly, without discretion	U3
마늘	garlic	U4
마당	yard	U5
마을	village	U2
마음씨가 착하다	to be good-hearted	U13
마지 못한 척	reluctantly	U11
마침	right at that moment	U6
막걸리	Korean traditional rice wine	U11
막대기	stick	U8
막 따가다	to pick and go carelessly	U5
말씀을 듣다	to obey (lit. to listen to elder's words)	U1
망설이다	to hesitate	U11
매	whip	U6
매를 맞다	to be whipped	U9
매질을 하다	to whip	U14
멍하니	absent-mindedly, blankly	U10
명령하다	to command, order	U6
목소리	voice	U13
목욕하다	to bathe	U10
몰래	in secret, stealthily	U9

몰려들다	to flock together	U6
몸종	maid, personal assistant	U12
무덤	tomb	U1
무럭무럭 자라다	to grow up rapidly	U13
묵어가다	to stay (a night)	U8
문구멍	door hole	U3
묻다	to bury	U1
물터	water site	U11
미워하다	to hate, dislike	U9
미치다	to be out of one's mind, crazy	U13
믿다	to believe, trust	U8

〈ㅂ〉

바라보다	to gaze	U10
바람을 쐬다	to enjoy a breath of fresh air, to take a break from study or work	U12
바르다	to apply, spread (ointment, etc.)	U3
바치다	to offer (to a superior), dedicate, devote	U6
박씨	gourd seed	U14
반대	opposite	U1
밥을 짓다	to cook rice	U9
밝히다	to clear (a matter), clarify, prove	U8
배를 잡고 웃다	to laugh hard (lit. to laugh holding one's tummy)	U6
백두산	Baekdu mountain (in North Korea)	U4
버티다	to resist, persist, persevere	U11
번개처럼 스치다	to be grazed like lightning, just come to mind	U11
벌	punishment	U6
벼	rice plant	U9
병이 들다/깊어지다	to fall ill, to get sick	U1
보름	full moon, 15 days	U8
보물	treasure	U14
보살피다	to take care of	U14

보석	jewelry	U14
봇짐	backpack (archaic word)	U6
봉사	blind person	U13
부끄럽다	to be ashamed	U9
부러뜨리다	to break	U14
부러워하다	to envy	U11
부러지다	to be broken	U14
부부	married couple	U10
부인	other person's wife, middle-aged woman (polite form)	U9
부자	rich person	U9
부지런히	diligently	U3
부채	fan	U12
부탁	favor	U1
불쌍하다	to be pitiful	U10
불쌍히 여기다	to take pity on	U4
불평없이	without complaining	U9
불행히도	unfortunately	U13
비추다	to light up, to shed light on	U3
비단옷감	silk material/fabric	U14
비단장수	silk vendor	U6
빈 손	empty hands	U14
빈털터리	pauper, a penniless person	U14
빌다	to pray	U3
빼앗아가다	to snatch something from someone	U14
뻐기다	to brag	U2
뻔히 알다	to know for sure	U2
뻗어 나가다	to spread, stretch out	U5

⟨ㅅ⟩

사냥꾼	hunter	U10
사대부	the house of high-class people during the Goryeo and Joseon Dynasties	U11

사또	village magistrate, governor	U12
사라지다	to disappear	U10
사실	fact, truth	U12
사실대로	truthfully	U3
사약	poisonous medicine	U12
사이좋게 살다	to live on good terms	U14
사정	situation, circumstance	U6
산골	mountain village	U3
산신령	mountain spirit/god	U4
살금살금	manner of moving quietly, stealthily	U5
살리다	to save someone's life (lit. make someone alive)	U3
상민	commoner	U12
상을 차리다	to prepare food, to set the table	U9
상인	seller, vendor	U11
새끼	the young, baby, cub	U14
새 줄	new rope	U3
생각에 잠기다	to be lost in contemplation	U8
생활하다	to make a living	U5
석	counter for rice (used in old times)	U13
선녀	fairy	U10
선비	scholar (in old Korea)	U9
성미가 급하다	to be short-tempered	U4
성실하다	to be earnest, hard-working	U9
세상	the world	U3
세상을 떠나다	to pass away (lit. to leave the world)	U1
소리	sound	U10
소문	rumor	U6
소식	news	U12
소원이 이루어지다	wish is granted	U4
속(만) 끓이다	to feel anxious, to get uneasy or restless (lit. to boil inside)	U5

속이 상하다	to be distressed (lit. the inside is rotten)	U1
솥	kettle, pot	U9
수군거리다	to whisper	U11
순식간에	in an instant	U14
술시중을 들다	to wait on, serve drinks to people	U12
숨기다	to hide (someone or something)	U10
숨어 들어가다	to sneak in	U5
숨을 헐떡이다	to pant, breathe hard	U10
스무고개	twenty ridges	U3
시키다	to order, to make someone do something	U4
시합	competition	U2
시험하다	to test	U12
식은 죽 먹기	an easy task, (lit. eating cold porridge)	U2
신기하다	to be mysterious, marvelous, supernatural	U10
신분	social status	U12
신하	subject (of a king)	U13
실망하다	to be disappointed	U12
심술쟁이	grouch, ill-tempered person	U14
심심하다	to be bored	U2
심하게	severely	U9
쏘아보다	to stare, glare	U8
쑥	mugwort (herb)	U4
쑥 들이밀다	to push in, thrust in abruptly	U5

< ㅇ >

아내	wife	U9
아들	son	U4
아래위로 훑어보다	to examine up and down	U8
아쉬워하다	to miss, to feel the lack of	U11
아이를 낳다	to give birth	U4
알리다	to inform	U12

알아보다	to find out	U6
암행어사	inspector general, royal emissary traveling in disguise	U12
약속	promise, appointment	U2
양반	gentry class, nobleman	U12
어려움	hardship, difficulty	U12
어리둥절하다	to be perplexed, puzzled	U5
어부	fisherman	U13
어쨌든	anyway	U2
어흥거리다	to make 'growling' sound	U3
억울하다	to feel mistreated, victimized, to suffer unfairness	U5
엄청나게	extravagantly, exorbitantly	U14
여쭈다	to ask (humble form)	U5
역시	as expected	U2
연꽃	lotus flower	U13
연락하다	to contact	U12
연못	pond	U10
엽전	coin of old times (brass with square hole)	U11
엿듣다	to overhear	U9
옆구리	side (of the body)	U6
~와/과 마찬가지로	the same as ~	U11
욕심을 부리다	to get greedy	U9
욕심(이) 나다	to get greedy	U9
욕심쟁이	greedy person	U9
용서를 빌다	to ask for forgiveness	U9
용왕님	sea king	U13
우물	a well	U3
울음소리	crying sound	U1
유혹	temptation	U12
원님	village magistrate (in old days)	U6
원망하다	to resent, reproach, grudge, blame woefully	U14
은혜를 갚다	to repay one's obligations, to return a favor	U10

이다	to carry on one's head	U3
이별	separation	U12
이상하다	to be strange, weird	U8
이웃마을	neighboring village	U3
익다	to ripen	U5
인간	human being	U4
일부러	on purpose	U14
입을 다물다	to keep a secret, be silent (lit. to close one's mouth)	U11

〈ㅈ〉

자루	sack	U11
자세히	in detail	U5
잔치를 열다	to give a banquet	U12
잔칫집	house of feast or banquet	U3
잘난 척(을) 하다	to brag, show off	U2
잘못을 깨닫다	to realize one's fault, wrongdoing	U8
잘못을 뉘우치다	to regret one's wrongdoing	U9
잡아먹다	to slaughter and eat, to devour	U3
장가가다	to marry (used for men)	U10
장난	mischief	U5
장님	blind person	U13
재산	asset, wealth	U13
재산을 물려주다	to hand over one's assets or wealth	U14
재촉하다	to urge	U8
재판	trial	U6
재혼하다	to remarry	U13
전근(을) 가다	to transfer to a new job	U12
전하다	to deliver, transmit	U12
절	Buddhist temple	U13
절대(로)	never	U10
절망	despair, frustration	U13
정답게	affectionately, endearingly	U3
정성껏 모시다 / 보살피다	to take care of someone with utmost care/true devotion	U13

정직하다	to be honest	U9
제발	please (when begging)	U4
제비 한 쌍	a pair of swallows	U14
제의하다	to suggest	U11
제정신이 들다	to come to one's senses	U13
조르다	to pester for	U5
조상(님)	ancestor	U11
종아리를 걷다	to roll up one's pants	U9
죄를 짓다	to commit a crime, sin	U12
죽을 쑤다	to make porridge	U9
주렁주렁 열리다	(fruits) to grow in a cluster	U5
주막	tavern, inn	U8
주먹	fist	U5
주위	surrounding	U2
죽이다	to kill	U3
줄을 타다	to climb, walk on a rope	U3
중	Buddhist monk	U13
중간	the middle	U3
지나가다	to pass by	U10
지붕	roof	U14
지식	knowledge	U9
지키다	to keep	U10
지혜롭다	to be wise	U5
진주구슬	pearl	U8
짐승	beast	U4
집안일	housework	U10
찍다	to chop	U3

〈ㅊ〉

차라리	rather	U12
차려입다	to dress up	U11
차지하다	to own, to make one's own	U11
참기름	sesame oil	U3
참다	to endure, bear	U4

참을성	endurance, patience	U4
채	counter for house	U5
처녀	unmarried woman	U4
처마	eaves	U14
첫눈에 반하다	to fall in love at first sight	U12
초가집	straw-thatched house	U5
최초	the first	U4
추수	harvest	U9
취하다	to be drunk, intoxicated	U11
치료하다	to treat, cure	U14
침대	bed	U1

<ㅋ>

큰일(이) 나다	to be in big trouble	U12
키우다	to raise (child or animal), grow (vegetables, trees)	U5

<ㅌ>

타락하다	to be corrupted	U12
탄생	birth	U4
털어놓다	to disclose, reveal (a secret)	U9
텅비다	to empty completely	U3
토끼	hare, rabbit	U2
특히	especially	U12
틀림없이	certainly, without doubt	U2

<ㅍ>

평양	Pyeongyang (capital of N. Korea)	U4
포기하다	to give up	U11
표정	facial expression	U5
피하다	to flee from	U14
필	a measurement counter used for fabric (in olden days)	U6

⟨ㅎ⟩

하느님	God	U4
하늘	sky	U4
하인	servant	U5
한양	capital city (of Joseon dynasty)	U11
한턱 내다	to give someone a treat	U2
합격	pass (an exam)	U12
해님	the sun	U3
햇빛	sunlight	U4
행동	behavior	U9
허락	permission	U5
헌 줄	old rope	U3
헐레벌떡	panting and puffing	U3
헛간	shed, barn	U8
헤어지다	to depart, separate, to break up	U12
헤치다	to dig up, disperse	U8
협박	threat	U12
형제	siblings	U1
호랑이	tiger	U4
호통을 듣다	to be scolded (lit. to listen to a shout)	U11
혼내주다	to give a hard time, to punish	U5
홀어머니	single mother	U3
효(심)	filial piety, faithfulness	U13
화가 나다	to get angry	U2
후회하다	to regret	U1
훔치다	to steal	U6
흥정	deal	U11
힘없이	feebly, droopingly	U6

LIST OF EXPRESSIONS

감동을 받다	to be touched	U9
감옥에 가두다	to incarcerate	U12
걱정을 덜다	to relieve worry	U5
걱정이 되다	to become worried	U1
겁이 나다	to be scared of, frightened	U3
고개를 끄덕이다	to agree (lit. to nod one's head)	U6
고개를 넘다	to cross a ridge	U3
고개를 숙이다	to lower one's head	U12
귀가 솔깃해 지다	to be tempted (lit. ears perked up)	U2
귀를 기울이다	to listen attentively (lit. to bend one's ears)	U9
기가 막히다	to be dumbfounded	U6
기대에 차다	to be hopeful	U14
깜박 잠이 들다	to fall asleep suddenly	U6
깜짝 놀라다	to be startled	U9
꿀먹은 벙어리	a mute person (as if he/she ate honey)	U6
꿈에 그리다	to dream of, yearn for	U12
꿈을 꾸다	to dream, to hope for	U12
끄덕도 안 하다	to not even budge	U6
나라를 세우다	to found a country	U4
눈깜짝할 사이에	in the blink of an eye	U10
다리가 부러지다	leg is broken	U14
도장을 찍다	to approve (lit. to rubber-stamp)	U11
동정을 살피다	to watch the movements or the state of things	U9
~덕분에	thanks to ~	U5
땅에 떨어지다	to fall to the ground	U3

마음씨가 착하다	to be good-hearted	U13
마지 못한 척 따라가다	to follow reluctantly	U11
말을 잘 듣지 않다	to disobey (lit. to not listen to someone's words)	U1
무럭무럭 자라다	to grow rapidly	U13
바람을 쐬다	to enjoy a breath of fresh air, to take a break from study or work	U12
배를 잡고 웃다	to laugh hard (lit. to laugh holding one's tummy)	U6
번개처럼 스치다	to be grazed like lightning, just come to mind	U11
병이 들다	to fall ill, to get sick	U1
불쌍히 여기다	to take pity on	U4
빈 손으로 내쫓다	to drive out empty-handed	U14
빠른 걸음으로 사라지다	to disappear(walk off) hastily	U11
뻔히 알다	to know for sure	U2
사랑이 깊어가다	love deepens	U12
사이좋게 살다	to live on good terms	U14
생각에 잠기다	to be lost in contemplation	U8
성미가 급하다	to be short-tempered	U4
세상을 떠나다	to pass away (lit. to leave this world)	U1
세상을 비추다	to light up the world	U3
소문을 듣다	to hear a rumor	U11
소원이 이루어지다	wish is granted	U4
속(을) 끓이다	to get anxious, uneasy (lit. to boil inside)	U5
속(이) 상하다	to be distressed (lit. inside is rotten)	U1
술시중을 들다	to wait on, serve drinks to people	U12
술에 취하다	to be drunk	U11

숨을 헐떡이다	to pant, breathe hard	U10
식은 죽 먹기	an easy task (lit. eating cold porridge)	U2
아래위로 훑어보다	to examine up and down	U8
아이를 낳다	to give birth	U4
알아서 하다	to take care of things, to handle	U5
어이가 없다	to be dumbfounded, absurd	U8
옷을 차려입다	to dress up	U11
욕심을 내다/부리다	to become greedy	U9
용서를 빌다	to ask for forgiveness	U9
은혜를 갚다	to repay one's obligations	U10
입을 다물다	to keep a secret, be silent (lit. to close one's mouth)	U11
잔치를 열다	to throw a party, to hold a banquet	U12
잘난 척(을) 하다	to brag	U2
잘못을 깨닫다	to realize one's wrongdoing	U8
잘못을 뉘우치다	to repent one's wrongdoing	U9
재산을 물려주다	to hand over one's wealth	U14
정성껏 모시다	to take care of someone with utmost care	U13
정성껏 보살피다	to take care of (someone or something) with utmost care	U14
제 정신이 들다	to come back to one's senses	U13
죄를 짓다	to commit a crime or sin	U12
참을성이 많다	to be patient	U4
첫눈에 반하다	to fall in love at first sight	U12
청을 들어주다	to grant one's wish or request	U4

표정이 밝지 않다	to look worried, to have something on one's mind (lit. facial expressions are not bright)	U5
한턱 내다	to give someone a treat	U2
호통을 듣다	to be scolded	U11
혼내 주다	to give someone a hard time	U5
화가 나다	to get angry	U2

CHENG & TSUI COMPANY INC.

25 WEST STREET
BOSTON, MA 02111-1213
US

Tel: 617.988.2400

Fax: 617.426.3669

www.cheng-tsui.com

orders@cheng-tsui.com

Pick Ticket
138971

Shipping Whse ID: PSSC
Entry User ID: CASEY

Bill To:
MARY SULLIVAN
PO BOX 967
LAKE ARROWHEAD, CA 92352-0967
United States

Tel: 909.337.4467   Fax:

Cust Account No: MAR00549

Ship To: SHIP
MARY SULLIVAN
PO BOX 967
LAKE ARROWHEAD, CA 92352-0967
United States

Tel: 909.337.4467   Fax:

Ship by Date	Customer Department	Ordered By	Currency	Customer PO Number	Customer Release#	Terms of Sale	Cust Shipper ID #
2/13/2009			US	020909		Prepaid credit card	

Carrier: US MAIL * PRIORITY MAIL

Seq#	Item	Description	Qty Ordered	Pick Qty	Qty Back Ordered	Unit Price	Amt UM	Extended Price
1	9780887276316	FROGS TEARS	1	1	0	27.95	EA	$27.95
				1 SKU:EA		List Price		$27.95

Total Lines: 1   Total Weight: 1.00

CHENG & TSUI

CHEN

Invoice # 138971

Inv. Date 02/10/2009

Customer PO #
020909

Order Date:
02/10/2009
Reprinted:
02/10/2009 - 13:01

2958666

Ship To: MARY SULLIVAN
PO BOX 967
LAKE ARROWHEAD CA 92352
United States

Comment

Qty	ISBN	Pick Loc.	BookCode	Title	CtnQ	Bulk In.	Weight
1	9780887276316	C09AR	9780887276316	FROG'S TEARS & OTHER STORIES	26	C05CR	0.81
				TOTALS			
1							0.81

peerSource

A free online community for
teachers and students of all
Asian languages to find and share
resources, ideas, and more!

my.cheng-tsui.com

Join the first learning center to offer
publisher-produced resources alongside
a wealth of community-generated
content.

- Discuss topics with peers
- Share classroom activity
  ideas and resources
- Download supplemental
  publisher content for your
  favorite Cheng & Tsui
  products

CHENG & TSUI
Bringing Asia to the World™

www.cheng-tsui.com
service@cheng-tsui.com   1-800-554-1963
25 West Street, Boston, MA 02111 USA

Join the conversation at

peerSource

Connect. Share. Learn.

This is not an Invoice. Do not pay from this document.

Subtotal	$27.95
Freight	$9.00
Sales Tax	
Total:	**$36.95**
Payment History	
MC XXXX-XXXX-XXXX-/B*=	
Total Paid	$36.95
Total Paid	$36.95
Change Due	$.00